KUWEI
酷威文化

图书 影视

不焦虑的亲密关系

吴易聪 著

四川文艺出版社

图书在版编目（CIP）数据

不焦虑的亲密关系 / 吴易聪著. -- 成都：四川文艺出版社，2024.6
ISBN 978-7-5411-6962-5

Ⅰ.①不… Ⅱ.①吴… Ⅲ.①两性交往－通俗读物 Ⅳ.① C913.14-49

中国国家版本馆 CIP 数据核字 (2024) 第 085477 号

不焦虑的亲密关系

BU JIAOLÜ DE QINMI GUANXI

吴易聪 著

出 品 人	冯 静
出版统筹	刘运东
特约监制	王兰颖
责任编辑	梁祖云
选题策划	张贺年
特约编辑	张贺年 陈思宇
营销统筹	桑睿雪
封面设计	春轶设计 QQ:264968669
责任校对	段 敏

出版发行	四川文艺出版社（成都市锦江区三色路238号）
网　　址	www.scwys.com
电　　话	010-85526620
印　　刷	天津鑫旭阳印刷有限公司
成品尺寸	145mm×210mm　　　开　本　32开
印　　张	9.75　　　　　　　　字　数　192千字
版　　次	2024年6月第一版　　　印　次　2024年6月第一次印刷
书　　号	ISBN 978-7-5411-6962-5
定　　价	49.80元

版权所有·侵权必究。如有质量问题，请与本公司图书销售中心联系更换。010-85526620

目录

第一章
亲密关系需要好的体验感

1. 爱人在侧，却依然孤独 　　　　　　　　003
2. 宁愿加班也不想回家 　　　　　　　　　007
3. 当心"糖衣"下的"毒" 　　　　　　　　011
4. 经营舒适的亲密关系 　　　　　　　　　016

第二章
成为爱人不用考试，但爱人需要能力

1. 说出"我爱你"应具备的五种能力 　　　027
2. 不做彼此的"情感创可贴" 　　　　　　030
3. 幸福无法外包给另一个人 　　　　　　　038
4. 超越原生家庭，爱是持续一生的成长 　　048

第三章
接纳他人，也接纳自己

1. 接纳受伤的灵魂　　　　　　　　　057
2. 原谅自己爱的能力有限　　　　　　070
3. 不要跟乞丐要钱，不要跟不懂爱的人要爱　　082
4. 分手应该体面，离婚不必隐瞒　　　091

第四章
理解焦虑不安背后的根源

1. 幸福试探：相处中的九个挑战　　　107
2. 四种本能的创伤应激反应　　　　　112
3. 伤痛引发的心灵内战　　　　　　　136
4. 创伤如何破坏亲密关系　　　　　　143
5. 越恐惧什么，越会在恋爱中遇到什么　149
6. 四种依恋类型人格的相爱相杀　　　153

第五章
"我"和"我们"的差异

1. 用什么样的"镜子"看自己　　　　165
2. 从"恋爱脑"到"自爱体"　　　　173
3. 高自我价值感才能赢得爱和尊重　　184
4. 把自己还给自己　　　　　　　　　205

第六章
爱的流动比爱本身更重要

1. 学会欣赏高敏感者的隐藏属性　　　　215
2. 从写一封情书开始　　　　219
3. 好伴侣是夸出来的　　　　222
4. 如何让一段关系保持活力　　　　230

第七章
如何越"吵"越相爱

1. 情绪智慧：善用冲突，增进感情　　　　237
2. 关系越是紧张，越要增强安全感　　　　246
3. 高情商伴侣处理争吵的四个步骤　　　　258

第八章
爱人如养花

1. 爱一个人意味着疗愈 TA 的伤痛　　　　277
2. 爱到极致是成全　　　　284
3. 夫妻是人生战略合作伙伴　　　　290
4. 没有一劳永逸的爱情，只有双向奔赴的成长　　　　298

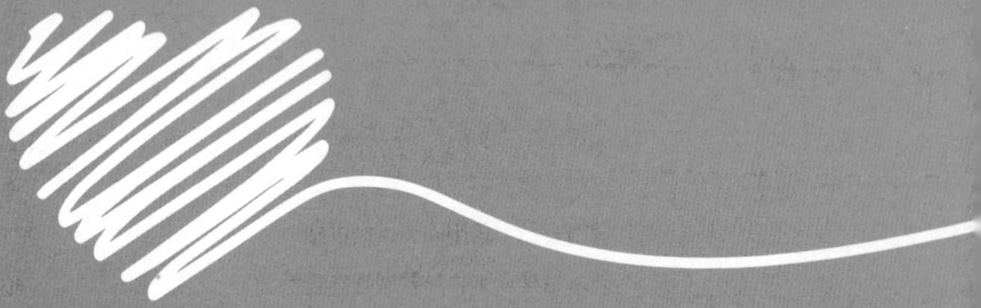

第一章

亲密关系
需要好的体验感

人与人之间渐渐关闭了心门，
不断减少在情感生活中的投入。

1. 爱人在侧，却依然孤独

亲爱的，请停止装模作样的亲密关系

人类的亲密关系正经历着前所未有的危机：大部分的恋爱和婚姻不仅没能满足我们的心灵需求，反而给双方都带来了不小的身心伤害，在这样关系下建立的家庭，难以避免与日俱增的争吵甚至离异，这就导致了原生家庭问题越来越普遍。现实中婚姻破裂的数量攀升，还导致越来越多的年轻人不敢谈恋爱或根本不想谈恋爱。

人与人之间逐渐关闭了心门，不断减少在情感生活中的投入。很多人即使进入了恋爱阶段，甚至是走进了婚姻的殿堂，有着男女朋友、伴侣、爱人的身份，却未能建立起真正的亲密关系，而更像是熟悉又陌生的同居室友。

在心理学中，我们把这种连接很浅、缺乏心灵层面交流、相爱行为呈现形式化、双方处于躺平状态的亲密关系称之为假性亲

密关系（Irrelationship）。

假性亲密关系中充满了伪装、压抑、挫败，甚至绝望，以至于人们经常会听到周围人这样开导："面对现实吧，生活就是这样的""世上哪有什么真爱，就是一场交易"，又或者"你就是过得太好了，闲的"。

恋爱不是约约会，送送礼物，说说情话那么简单。婚姻也不是领个证，办个婚礼，把彼此捆绑在一起，搭伙过日子，传宗接代那么轻松。太多的亲密关系变成了两个成年小孩的"过家家"，而不是彼此疗愈、相互滋养、共同成长的美好修行。

如果你真的爱自己，爱你的伴侣，爱你的家人、孩子，爱周围的人和这个世界，请停止装模作样的亲密关系，开始真实的自我成长。请从现在开始，学习爱、践行爱、获得爱、贡献爱。

十个问题，揭示真实与假性亲密关系的区别

"为什么身处一段亲密关系中，却依然感到孤独？""为什么在外人看来我们很幸福，但自己内心却感觉彼此貌合神离呢？"我常常会收到类似问题的咨询，如果你有类似的困惑，一定要注意，因为这通常是假性亲密关系的信号。

以下的十个问题，有助于我们辨别自己是否正处于假性亲密关系中：

问题一：你与伴侣是否能理解彼此的真实感受、行动、想法或意图？

问题二：你与伴侣是否有很多可以一起谈论的话题？

问题三：你与伴侣是否能在对方面前真实地表达和呈现自己？

问题四：当向伴侣寻求安慰时，你们是否能给予对方有效的安慰和支持？

问题五：当重大事件或挑战发生时，伴侣是不是你第一个想告诉的人？

问题六：你与伴侣是否是一个团队，共同参与生活的经营？

问题七：你与伴侣是否彼此滋养和激发，帮助彼此成为更好的自己？

问题八：你与伴侣是否对亲密关系和家庭生活有着共同的认知和追求？

问题九：你与伴侣是否了解彼此最深的伤痛和恐惧，并愿意支持彼此，超越这些伤痛和恐惧？

问题十：你与伴侣是否了解彼此最深的渴望和梦想，并愿意支持彼此，实现这些渴望和梦想？

每一个问题回答"是"的记 1 分,回答"不是"的不计分。得分越多,意味着你们的亲密关系越真实而深刻;得分越少,则意味着你们的亲密关系越缺乏心灵层面的连接和双向奔赴的努力,呈表面且假性。

2. 宁愿加班也不想回家

亲密关系在补充你的能量，还是消耗？

我们可以把自己或伴侣想象为一块电池，健康的亲密关系就像是一个充电站，源源不断地将电流，也就是人类最宝贵的精神能量——爱，传输给两个人。

如果你曾见过一个人因被爱而容光焕发，整个人像被点亮了，散发着光芒与活力；又或者不管你在外面遇到多大的挑战，只要你有一回到家，回到你们的亲密关系中，你就能被治愈和安慰的经验，你就能理解亲密关系是如何提供爱的能量的。

就像生活中的充电站一样，亲密关系也需要能量的输入和日常的维护才能够保持其正常而健康的运作。然而一段亲密关系所需的能量和维护又来自哪里呢？其中最重要的来源便是亲密关系的实际参与者。

如果前面讲到的假性亲密关系意味着两个人创造了一个山寨版的充电站，表面的心灵连接导致发电效率低下且不稳定、有限的资源投入降低了能源注入和运行维护，那么下面要讲到的功能失调的亲密关系，则意味着这座充电站不仅不能为彼此补充电量，反而变成损害电池健康、耗能惊人的能量场。

亲密关系对我们的身心健康有着巨大的影响，健康的亲密关系能够促进彼此的身心健康发展，而功能失调的亲密关系不仅无法发挥促进作用，反而会因为充满紧张、刺激甚至伤害，导致参与者长期处于应激状态，消耗彼此的能量，危害彼此的身心健康。

随着两个人所能补充的爱越来越少；争执和冲突所消耗的能量越来越多；两个人都因为能量过低而警铃大作，能够贡献给亲密关系的能量就更少了，一场能量和情感的双重危机便会不可避免地爆发。

于是，有人在一段感情中失去了原有的光芒；有人宁愿待在公司加班，也不愿回家……

亲密关系开始功能失调，甚至衰退的五个迹象

一、你和伴侣之间不再沟通

回想一下你和伴侣刚刚在一起的情况，那时的你们近乎狂热地沟通。正是沟通拉近了你们之间的距离，让你们进入亲密关系。即便确立了亲密关系，沟通依然像血液循环对于身体健康那般重

要。如果你和伴侣之间的沟通减少或停止了，预示着你们的亲密关系已经出现了问题，甚至正在发生逆转和衰退。

二、你和伴侣之间的积极情绪在减少

两个人在一起快不快乐是一段亲密关系是否健康的重要指标。积极心理学给出了一个相对明确的指标，就是在一段关系中，积极情绪占比 4/5，消极情绪占比 1/5，才能让伴侣感到快乐和幸福，也就是我们说的"充电"状态。当喜悦、感激、宁静、敬佩等积极情绪在减少，愤怒、悲伤、内疚、羞耻等消极情绪在增多，亲密关系中的两个人便处于消耗状态。

三、你和伴侣持续产生矛盾

矛盾既包含情绪、语言或肢体上的热战，也包含逃避或忽略对方存在的冷战。持续不断的矛盾通常不是由某个单一事件而引发的，而是因为亲密关系中长期累积的不满、愤怒和压力在达到临界点后的频繁性爆发。持续的战争不断消耗彼此的生命能量，更在彼此心中将伴侣改写和塑造为无情、无耻、无理取闹的迫害者。

四、你和伴侣无法解决问题

亲密关系的培养是一个发现问题、解决和超越问题的持续过程。正是在这个过程中，亲密关系中的双方都在不断地拓展认知，

收获成长，并在获得突破、超越挑战后深入和升华彼此的关系。而在功能失调的亲密关系中，两个人不是疲于应对冲突，就是步步惊心地避免冲突，导致他们很难发现真正的问题，更没精力真正地去解决问题。

五、你和伴侣失去信心与希望

诚实地问一问自己："是什么维持着这段关系？是分开的恐惧和不确定性？**是养**育孩子的责任？是来自父母和社会的压力？又或者是出于人设与利益的考量？还是你与伴侣对于这段关系有着共同的意愿、期望、追求和目标？"健康的亲密关系因为双方的共同意愿和努力达到平衡和发展；而功能失调的亲密关系会因双方的失望和低能量勉强维持或衰退。

3. 当心"糖衣"下的"毒"

亲密关系中有人活在天堂,有人活在地狱

在一段健康的亲密关系中,你和伴侣会感到被关心、被尊重和安全,两个人的幸福感得到极大提升,两个受伤的灵魂彼此疗愈、成长,得到升华;在假性或功能失调的关系中,这些感受和功能是缺乏的,双方进入低能量或彼此消耗的状态;而毒性亲密关系则是两个人互相投喂的毒药,让两个受伤的灵魂再次被伤害,严重损害身心健康,导致受害者不再相信其他人,自暴自弃,甚至失去生活的希望。

毒性亲密关系中的双方对彼此的幸福和成长没有帮助的关系。毒性亲密关系充斥着不安全感、自我中心、支配和控制。毒性亲密关系中会普遍出现嫉妒、虐待、控制、占有、贬低、打压、怨恨、攻击、欺骗、遗弃、剥削、物化和玩弄伴侣、出轨和变态

性需求等行为。

毒性亲密关系中的双方只关心自己的幸福，而不关注彼此的幸福，想尽各种办法，用尽各种手段以从伴侣那获得更多；希望伴侣把自己奉为国王或女王，吩咐对方做事情，满足自己各种各样的需求；希望伴侣在未沟通的情况下就能理解自己的想法和感受，并主动给予自己所期望的回应；希望伴侣在生活上或心理上极度依赖自己，或是反过来，自己在生活上和心理上极度依赖对方等。

很多人打着爱的名义，疯狂地向伴侣索取和掠夺爱。当越来越多的人失去了爱的勇气和能力，甚至不再相信爱，不仅是亲密关系，整个人生都会陷入危机。

充满操控、恐吓与虐待的毒性亲密关系

毒性亲密关系的本质是伴侣利用不诚实或剥削性的策略来获得权力和优势，以情绪操控、语言攻击、肢体暴力、财务威胁等多种手段控制别人以达到自己的目的，满足自己的欲望。

有毒的伴侣在亲密关系早期通常不会表现出消极的一面，反而非常有魅力，简直是完美的伴侣。然后，随着时间的推移，他们开始流露出自己的真面目，并对伴侣实施操控、恐吓与虐待。

毒性亲密关系的典型表现包括：

孤立与隔绝

有毒的伴侣试图将你与家人和朋友隔离开，限制并减少你能够得到的情感支持。不断加深你对他们的情感依赖。一旦切断了你的其他情感支持，对方便可以用冷战和情感忽视来操控你。

贬低与打压

有毒的伴侣通常非常自恋，会不断通过挑剔和评判，摧毁你的自我价值感，让你觉得自己一无是处。于是你会出于恐惧，不断地讨好和付出，以赢得来自有毒伴侣的认可和喜欢。

持续的压力

无论是不经意间透露自己有其他的追求者或者选择，还是用发脾气来表达不开心，或是断联系、提分手或离婚等手段，有毒的伴侣会持续地向你施加压力，暗示和鞭策你只有付出更多，才能赢得他们的爱。

骚扰和恐吓

有毒的伴侣会通过监控跟踪、散布谣言、在工作场合闹事、辱骂和暴力、威胁伤害你和家人、自残自杀、财务限制等骚扰、威胁和恐吓手段，以达到继续在关系中操控和剥削你的目的。

洗脑与煤气灯效应

有毒的伴侣善于编造和扭曲事实，让你质疑自己，甚至失去自信、记忆、辨别和判断能力。1944年发行的电影《煤气灯下》讲述了丈夫孤立和操纵妻子，最终达到将她送进精神病院的目的这么一个故事。后来公众开始用"煤气灯"比喻这种精神操控行为。

如何判断我们是否爱得太多

如何判断我们是否爱得太多，也许正在浇灌一段毒性关系呢？当你与这个主题产生共鸣，很有可能你已经是毒性关系中那个爱得太多的人了。

毒性关系意味着：我们痴迷于一个人，并将这种痴迷认为是爱。它左右着我们的情绪和大部分行为。我们也许能意识到这种关系正在对我们的身心健康和幸福产生着负面影响，但却发现自己就是无法放手。

毒性关系来自我们的内在伤痛与恐惧。我们越是害怕孤独，害怕自己不值得被爱，害怕自己被忽视或遗弃，就越会无意识地吸引那些不稳定、不可靠、不可预知、不成熟、喜怒无常、愤怒、悲观、自卑、自恋、冷漠、回避的人。

在与身心健康度和成熟度较差的伴侣共舞中，我们通常爱得太多：我们照顾他们的起居，为他们提供经济支持，安抚他们的情绪，帮助他们的事业，甚至忍耐他们的恶语相向、虐待与攻击，以证明自己对对方的爱。

对方的无法满足鞭策着我们付出更多的爱；在我们身心俱疲几近崩溃的时候，对方的稍微示弱或示好，又会让我们重燃希望，鼓起勇气开始新一轮自我牺牲型的付出。

在毒性关系的高潮，我们将迎来一个人的觉醒。爱得太多的人被彻底耗尽，痛定思痛地发现选择了错误的人，用尽了错误的爱，却依然无法获得幸福。于是开始学习和践行真正的爱，走出孤独、自卑和恐惧的内在状态，通过实在的成长帮助自己和更多人获得真正的幸福。

4. 经营舒适的亲密关系

"我爱你"的六个真相

如果从未感觉到被爱，我们就是爱的逃荒者。在极度匮乏的情况下，我们会饥不择食。不管对方是谁，出于什么目的，"我爱你"是否只是一个诱饵，我们都会飞蛾扑火，奋不顾身地把自己交出去。

如果没有安全感，害怕分离，我们就成了爱的溺水者。因为安全感的缺失，在恐惧的驱动下，我们会把与对方的关系当作救命稻草，以防止自己沉下去溺死。我们会不断要求对方说出"我爱你"，以确认他的存在和亲密关系的维系。

如果没有价值感，自卑，我们就成了爱的乞丐。由于对自己价值的否认，我们太需要来自外在，特别是爱人的欣赏和肯定了。我们会无意识地通过向对方讨要"爱"的表示，来获得这种肯定。

遗憾的是，这些认可也只是基于他个人的喜好，而且随时还有改变的风险。

这样的"我爱你"不仅不能滋养我们、疗愈我们、提升我们，还可能伤害到我们和我们爱的人。

如果只是想要满足自己的欲望，我们就成了爱的掠夺者。无论是出于自己的喜欢和欣赏，还是看中对方的能力和资源，为了满足自己，我们其实是想把另一个人据为己有。然而对方不是奴隶，所以我们需要想尽办法让对方说出"我爱你"，认同这段关系，以更好地满足自己。

如果相信爱是一种交换，我们就是爱的商人。我们付出爱是为了收获爱。当收获更多，我们开心地说："我爱你"；当收获与付出持平，我们礼貌地说："我爱你"；当收获小于付出，为了维护关系，我们坚持说："我爱你"。直到有一天，我们发现这是一段无利可图，没有希望的关系……

这样的"我爱你"没有创造更多的爱，爱只是在伴侣双方之间流动，而流动过程也会有损耗。

如果你相信爱是一种能力，我们就成为了爱的成长者。我们开始有意识地提升自己爱的能力，而不是满世界去抓取爱、乞讨爱、掠夺爱和交换爱。我们深刻地明白，当我们爱的能力越来越强，我们就能自主地创造幸福的生活。你开始由衷地对自己说："我爱你。"与此同时，在另一个时空，也有一个人正在对自己说："我爱你。"

有一天，这两个人会走到一起。因为他们都拥有了爱的能力，他们能自给自足，而不是期望对方满足自己；他们会让溢出来的爱在彼此之间流动，没有任何条件和回报的预期；更重要的是，因为两位爱的大师的强强联手，他们会创造更多爱，不仅滋养他们的亲密关系，还给更多人的亲密关系带来启示。

爱是一切美好关系的内核

我们之所以如此向往美好的亲密关系，源于我们对于爱的渴望。然而爱与亲密关系的本质是：爱既是美好关系的种子、内核和能量的源头，又是美好关系成长、发展和创造的结果。并不是因为建立亲密关系才有了爱，而是因为爱才有了亲密关系。没有爱却建立亲密关系，这是自欺欺人；建立了亲密关系却不去爱，这是本末倒置。

时至今日，即使是在爱的认知层面，我们依然存在着概念模糊和非常多的误解与滥用，将很多不是爱的概念与爱混为一谈，打着爱的名义创造出各种关系，以满足自己。

真诚和勇敢地询问自己并觉察以下问题：

> 当我们和另一个人进入亲密关系时，是否因为对方所呈现的状态，恰好满足了我们的喜好？

> 当我们和另一个人进入亲密关系时，是否因为对方所具备的条件，恰好满足了我们的需求？
>
> 当我们和另一个人进入亲密关系时，是否因为对方所拥有的东西，恰好满足了我们的欲望？
>
> 当我们和另一个人进入亲密关系时，是否因为对方所展现的慈悲，恰好安抚了我们的恐惧？

这些我们的喜好、需求、欲望和恐惧，的确让我们产生了对他人的依赖和亲密关系的需要，也是亲密关系中的自然元素和维系亲密关系的能量。但是要知道，这种亲密关系并不是爱。一旦亲密关系由这些元素和能量主导，自我满足与他人福祉之间失去了平衡，这段亲密关系便会失去活力，开始功能失调，甚至演化成有毒的关系。

所以，爱到底是什么呢？我倾向这样理解爱：爱是一份让自己、对方，乃至整个世界都变得更好的意愿和行动。

> 此刻请你闭上眼睛，冥想和感受一下这份源于你的内在，持续发光，惠及他人，利益众生的能量传递。
>
> 这就是爱。
>
> 爱是一切美好关系的内核，而我们自己正是爱的源头。

当你成为爱,你将活出这样的生命状态

爱的本质是一种生命状态,一种发自内在的幸福状态。当你让自己真正地成为一个幸福的人,你便成为了爱。就像太阳用阳光孕育和滋养着地球上的万物一样,你的生命状态会自然而然创造健康的亲密关系,并经由这段亲密关系生发出更多的爱。

当你成为爱,你不再渴望他人的理解和接纳,因为你理解和接纳自己,并能更加理解和接纳他人,你传递着慈悲和同理心;当你成为爱,你不再依赖他人,因为你相信自己和自己拥有的能力,并更能贡献自己的能力帮助他人,你传递着自信与支持;当你成为爱,你不再寻求他人的肯定和赞美,因为你已经从自我否定中解脱,并且更能欣赏和赞美他人,你传递着向上的力量;当你成为爱,你不再抱怨他人没能满足你,因为你知道这正是你有待成长的功课,或者是有待超越的挑战,你向世人示范真正的成长;当你成为爱,你不再寻求找到一个给自己幸福的人,因为你知道自己有能力为自己的幸福负责,给自己幸福,你也将分享你的幸福;当你成为爱,你不再怀疑他人是否喜欢你,因为你自己深深地喜欢着自己,并且更有发现美的能力,你让自己和他人仿佛置身天堂;当你成为爱,你不再沉迷于自己的欲望,因为你感恩生命,并且因为感到幸福而更希望为他人多服务一些,造福世界成为你的志向;当你成为爱,你不再依靠他人或外在给你安全感,因为你对生命有了更深的认知、理解和信任,你把平静与喜

悦带给更多人；当你成为爱，你不再寻找合适的伴侣，因为你就是自己最好的伴侣。同时你散发着美好的能量，吸引志同道合的人来到身边；当你成为爱，你会活出生而为人的那份尊贵与荣耀，成为自己生活中的光，世界会因你的存在而充满爱与希望。

关于爱的四个重大危机

我们在亲密关系中遭遇的各种困惑、苦难和挑战，源于人类所面对的、前所未有的爱的危机。

第一个重大危机：缺爱

很多人在来到这个世界之后，未能够得到父母或养育者足够的爱。虽然我们知道大部分父母已经尽可能地做到自己能够做到最好的，把自己认为最好的、最重要的生命资源，比如财富、学业上的支持给到自己的孩子，但是情感的忽视、陪伴的缺失、关注的减少和养育者自身生命状态的影响，都可能使孩子感觉到缺爱。爱的缺失会导致孩子五个最重要的心灵品质发展不健全。

这五个最重要的心灵品质包括：存在感、安全感、归属感、自我认同感和自我价值感。未能健全发展并拥有这五个心灵品质的孩子，很难在成长过程中逐渐发展出自爱和爱他人的能力，反而他们的心智会停滞在缺爱的小孩的状态，会想要在亲密关系中疯狂地补偿这种缺失。

第二个重大危机：不敢爱

以人类目前的发展水平，已经没有其他物种可以真正对我们的生存造成威胁了，除了自身以外。人类间的互相伤害中，又以原生家庭中所遭遇的伤害最让人刻骨铭心。这种伤害包括语言的攻击、肢体的暴力、性侵犯、父母的情绪爆发、争吵等等。如果亲人都会这样对待我们，我们又怎么相信别人不会伤害我们呢？

因为这些身体创伤同样影响我们的感知世界、认知亲密关系、塑造人格特质，亲密关系变成了令人恐惧的人生经验，心理和生理共同创造的保护机制会让我们不敢进入或不断逃离亲密关系。

第三个重大危机：不懂爱、不会爱

在问到什么是爱自己，如何爱自己时，很多人依然是茫然的。于是我们更不明白什么是爱别人？如何爱别人？更别提爱这个世界了。我们带着从原生家庭、学校和社会中所学到的极为有限的关于爱的认知和能力，甚至错误的认知和能力进入亲密关系，就会导致彼此的爱是那么轻描淡写，而伤害却是那么痛彻心扉。

第四个重大危机：不认同爱

当人与人之间失去信任与尊重，爱变成了某种传说，甚至有人宣称世界上没有爱，这也许是人类社会最大的悲哀吧。再看看媒体关于亲密关系的各种负面信息，加剧了人们对亲密关系的恐惧和失望；商业资本不断创造各种文化、潮流、欲望和需求，让我们相信赚钱消费能够让自己幸福；还有我们消耗和浪费大量自然资源，获取有限快乐的生活方式。我们真的在做让自己、他人乃至整个世界都变得更好的决定吗？在一个"无所谓爱不爱"的世界里，我们真的会幸福吗？

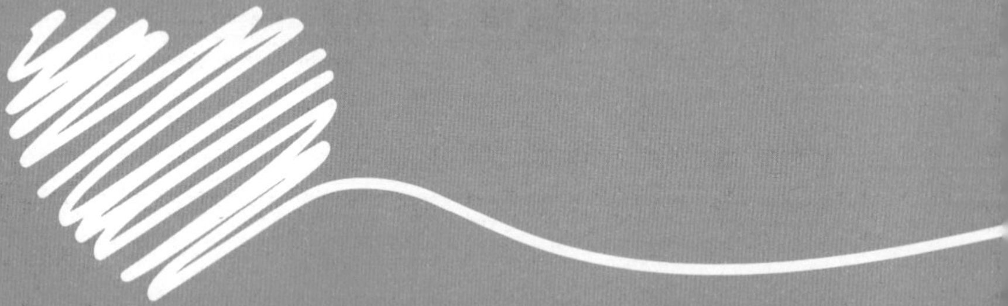

第二章

成为爱人不用考试，
但爱人需要能力

短期恋爱靠激情,
长期相守靠清醒。

1. 说出"我爱你"应具备的五种能力

查普曼博士的《爱的五种语言》包括：肯定的言辞、精心的时刻、接受礼物、服务的行动和身体的接触。这些事项非常清晰、明确和可实操，为我们提供了一份非常好的了解和满足爱的需求的行动指南。

但事实上，我们正在面临的严峻挑战，已经远远超越了如何表达爱的行为层面。希望越来越多的人可以参与到这场由内而外的、由我及他的、从寻求爱的满足到成为爱的本身的伟大心灵进化运动中。通过五种爱的能力的学习和实践，改善自身的生命状态，成为真正幸福的人，成为爱的源头，并用自己的生命点亮更多人的生命。

爱的五种能力包括：接纳、理解、尊重、欣赏和支持。

接纳，意味着不再执着于自己关于好坏对错的限制，不再强加外在的、他人的标准和喜好给自己。当我们接纳和允许自己做真实的自己时，才能接纳和允许他人做真实的自己。

理解，代表着尽可能地探索自己，聆听自己的内在意愿、需求与恐惧，以同理心和慈悲对待自己。我们越是能理解自己，探索更多的内在真相，就越是能理解他人，与他人同频。

尊重，意味着我们充分尊重自己，认同自己并独立地、有价值地生活。我们便会尊重"对方是一个平等的、独立的人，而不是我们的所属物"的事实。尊重对方的生命主权、自由意志和生命路径。

欣赏，代表着能够发现和激发自己所呈现的美好品质。没有什么比真诚的欣赏、赞美和鼓励更能激发我们成为更好的存在的意愿了。当你拥有这种能力，你就能激发他人成为更好的自己。

支持，意味着在自己生命发展的旅途中，真正地付出时间、精力、智慧和资源等，以帮助和支持持续成长，实现自己生命的更大潜能。在走过这段旅程后，你将帮助他人踏上这段旅程。

感受一下这五个词语，想一想这是否正是我们在人生初期，在原生家庭中渴望从父母亲人那里得到的，并在接下来的一生中，通过各种关系苦苦追寻的爱呢？

接纳、理解、尊重、欣赏和支持将会彻底将我们的心从羞耻、内疚、悲伤、愤怒和恐惧中解脱出来，活出喜悦、自在、宽容、丰盛和有创造力的爱的状态。在这样的状态下，我们将会和其他人创造出怎样的亲密关系？我们又将会引领自己创造怎样的人生呢？

基于爱的五种能力所创造的生命状态如此美好，甚至有些不真实，以至于一些人质疑它的存在。如果这种爱的能力和生命状态是我们真正渴望的，唯一能解除疑惑、得偿所愿的方式，就是我们自己勇敢地走上探索和修行的旅程。喜悦的是，很多人已经走在这条之前少有人走的道路上了。

2. 不做彼此的"情感创可贴"

喜欢和爱是两回事

曾经,我们会把爱认为是喜欢的进阶。当我们越来越喜欢对方,或者彼此的关系更近一步的时候,喜欢就变成了爱。

但其实,喜欢和爱是两回事。

当我们对别人说我喜欢你,通常意味着对方各方面的条件符合我们的标准和要求;对方对待我们的方式,让我们觉得愉悦并从中受益;对方的生命状态,迎合了我们对自己生命状态的某种期望。总之,喜欢与满足自己有关。

而当我们对别人说我爱你,则意味着我们衷心地希望对方好,而且对方可以因为我们的存在和我们的努力,变得越来越好。爱不仅是一个美好的意愿,更是一份无条件的付出。与自己无关,而与对方的成长有关。

愿你爱自己，也被自己爱着；愿你有爱的人，也被人爱着；愿你爱这个世界，也被这个世界深深地爱着。

听到"我爱你"，你需要清晰的五件事

一、你需要清晰对方是真的爱你，还是因为你所呈现的状态，恰好满足了对方的喜好。

二、你需要清晰对方是真的爱你，还是因为你所具备的条件，恰好满足了对方的需求。

三、你需要清晰对方是真的爱你，还是因为你所拥有的东西，恰好满足了对方的欲望。

四、你需要清晰对方是真的爱你，还是因为你所展现的慈悲，恰好安抚了对方的恐惧。

五、这些其实都与爱你无关，而与满足他们的喜好、需求、欲望和安抚他们的恐惧有关。

如果一个人真的爱你，他们会愿意真正为你的幸福而付出努力。

五个问题判断你们是真爱还是彼此的"情感创可贴"

我们是如此渴望真爱，却又因为过往亲密关系中的伤痛和失败，无法向另一个人真正敞开心扉，彼此疗愈和成长。更多情况下，对方的存在只是在表层满足我们的欲望，拯救我们的孤独，或暂时安抚我们深层的伤痛和恐惧。

以下五个问题，可以帮助你看清亲密关系的表象，勇敢地建立真正的亲密关系。

> 问题一：你或伴侣是否为了逃离一段关系的失败和伤痛，这段关系可能是原生家庭，也可能是上一段亲密关系，而开启这段新的关系？
>
> 问题二：你或伴侣之间的连接是否更多基于荷尔蒙作用下的身体接触或物质层面的生活互动，而明显缺乏甚至害怕做心灵层面的沟通和交流？

问题三：你或伴侣的感情是否经常在两个极端之间徘徊？有时候你觉得对方非常爱你，有时候又觉得对方似乎根本就没有爱过自己？

问题四：你和伴侣是否能够对关键问题进行深层的沟通？比如彼此的伤痛和恐惧，对亲密关系的看法和期待，人生目标和计划等，而不是停留在吃、喝、睡等表层问题。

问题五：你和伴侣之间是否存在着一种上瘾般的依赖？即使明明知道对方并不是对的人或这段关系没有希望，却依然没有勇气做出改变和离开。毕竟，撕下"情感创可贴"会再次触发我们深层的心灵伤痛。

你们之间是情欲还是爱？

很多人并没有体验过高品质的爱，而是在情欲中翻滚和浮沉。很多时候，人们把情欲误认为是爱，所以又总是在情欲中求爱而不得，悲伤不已。然而，情欲和爱有本质的区别。

区别一：情欲是生理连接，爱是情感连接。爱意味着你想花时间和你的伴侣在一起，倾听他们的感受和需求，你们的感受能在心灵层面深刻地连接。而情欲则驱使着你不断地和伴侣尝试感官刺激和生理连接。

区别二：情欲是短暂而突然的，爱是缓慢而稳定的。情欲的燃料是冲动，当冲动消失，情欲便会消退。而爱更像是两个人的长途旅行，基于承诺、忍耐、彼此的成长和贡献，这些因素让两个人在漫漫人生道路上彼此扶持，走得更远，去到更高。

区别三：情欲是表层的，爱是深层的。爱鼓舞你和伴侣越来越真实地呈现自己，甚至是自己曾经不敢面对的事情，比如彼此最深的羞耻、悲伤和恐惧。而情欲则更多是在表面和外在，在身体上呈现诱惑，创造兴奋。

区别四：情欲随着时间减少，爱随着时间增加。情欲植根于强烈的欲望，并随着时间的推移而消失殆尽。而爱植根于随着时间的推移而增长的依恋和纽带，两个人越来越接纳真实的自己，越来越理解和尊重对方，越来越信任对方。

区别五：情欲是关于自己的，爱是关于对方的。当你渴望某人时，你必须拥有他们，你需要他们的身体或存在来满足你的生理需求和一部分情感需求。而爱不是占有，反而是奉献，当你真的自爱，并拥有爱人的能力，你会发现自己关注对方的福祉比自己的渴望更重要。这时，你就真的坠入爱河了。

养育型亲密关系难长久

在养育型亲密关系中，通常有一方会扮演养育者的角色，而另外一方则饰演被养育者的角色。

在养育型亲密关系的初期，养育者和被养育者通常会度过一段非常美好的时期，养育者基于自己的高能量状态和不断地讨好付出的模式，赢得了被养育者的好感和信任，我们也可以把它理解为监护权，而被养育者也会被养育者的付出所打动，慢慢卸下防备，全身心地将自己交托给对方，那时的他们你情我愿，完美地满足着彼此的需求，简直是天造地设的完美伴侣。

然而随着亲密关系的发展，当养育者与被养育者回归到各自的真实生命状态后，关系初期的完美平衡会被彻底打破，在这个过程中，养育者通常会因为需要持续地提供物质或爱的供养而压力增大、筋疲力尽、失去自己，被养育者则会因为习惯了养育者的付出而自我躺平、放弃成长。养育者会发现，无论自己怎么付出，似乎都无法满足对方的需求，筋疲力尽的养育者，心里开始感到悲伤、焦虑和愤怒。而另外一面，被养育者则会觉得，养育者不像原来那么爱自己了，于是开始抱怨、发脾气甚至威胁对方，惊慌失措的被养育者，心里也开始感到悲伤、焦虑和愤怒，曾经天造地设的完美伴侣，各自化身为感觉自己不被爱的受害者。

健康的依赖，是亲密关系的必要成分。而养育型亲密关系，则通常形成于两个未真正成熟的伴侣之间，他们的关系基于对原生家庭中养育型关系的模仿，被养育者通过索取爱来补偿缺失的爱，而养育者通过付出爱来证明值得被爱，受困于这种模式中的两个人，很难创造出健康而长久的亲密关系。

由爱生恨是对爱的误解

首先，我们需要把迷恋和爱区分开。这是最容易被我们混为一谈的关系模式。当我们与另外一个人热恋时，我们通常会认定这就是爱。然而迷恋更多是基于生理的吸引和心理的喜欢，如果有一天，这种吸引和喜欢消失了，我们的关系还是爱的关系吗？

其次，我们需要把依赖和爱区分开。依赖意味着我们在生活上依靠另外一个人得到满足，情感上依附另一个人得到慰藉。在这样的关系模式中，一方作为被养育者需要扮演养育者角色的伴侣给予生活和情感上的供养，一旦被养育者未能如愿，难免失望、伤心、难过，甚至心生怨恨。

最后，我们需要把情欲和爱区分开。爱情关系所产生的生理满足和心理满足堪比最强效的兴奋剂，一旦我们形成了对爱情的上瘾，我们会无意识地通过各种手段来满足自己不断膨胀的欲望。好的情况下，一些人还会用欲望和另外一个人的欲望进行交换；而在糟糕的情况下，一些人会采用欺骗、操控和剥削其他人的手段来满足自己的欲望。

在我们未成长前，一旦迷恋中的吸引和喜欢消失或者转移了，我们便无计可施，不知道接下来该如何与对方相处；在我们未成长前，一旦我们的需求和期待未被满足，我们便像孩子一样开始恐慌和焦虑，持续向养育者施压以满足自己；在我们未成长前，情欲所主导的爱情会变成类似消费的行为，我们需要不断消费，不断寻求新的刺激补偿一颗麻木的心。而爱是一份让自己、对方乃至整个世界都变得更好的意愿和行动。它是一个人为自己和伴侣，乃至更多人的幸福所实际付出的努力。它是一个从自我成长到贡献世界的伟大过程。

当我们不再以爱的名义通过各种关系补偿自己、满足自己，而是以爱的名义成长自己、关爱自己，并在这个过程中启发他人成长自己，并能越来越慈悲、越来越主动、越来越无条件、越来越无期待地助力他人的成长，我们和他人的关系必然会茁壮成长。在这样的关系中，爱又如何会生恨呢？

3. 幸福无法外包给另一个人

恋爱，不是外包你的幸福给另一个人

在生命的觉醒课程中，我们带领大家勇敢地直面亲密关系的各种真相。其中一个特别重要的真相就是，我们如此渴望通过恋爱、婚姻或其他形式的亲密关系，找到一个爱自己的人，把自己的幸福外包给这一个人。

这个信念普遍存在于内在缺爱，遭受童年创伤，心智还不成熟、不独立的人身上。我们在小的时候有多么渴望从父母那里得到关爱，长大后就有多渴望从外在、从伴侣那里获得我们渴望的关爱。

如果父母或伴侣没能满足我们，我们要么觉得自己不够好，陷入自爱自怜的情绪漩涡；要么愤怒地攻击、胁迫，甚至报复他们。假如父母或伴侣满足了我们，我们又会因为自身缺乏爱的能力而陷入深深的恐惧，生怕有一天父母或伴侣会离开我们，让我们再一次失去爱。

超越这种两难处境的唯一出路，是让自己成为自己的监护人，开始真正地对自己的生命负责，勇敢主动地成长自己，做到生活和情感的双重独立。当你自己在生活上独立了，才有可能谈一场平等的、彼此尊重的恋爱，避免落入爱的交易陷阱；当你自己在情感上独立了，才拥有自己主动满足自己、让自己幸福的能力。这样让双方在亲密关系中少一些不满和抱怨，多一些贡献和创造。

七个内在成长超越恋爱的幸福

第一个内在成长，是你不再苦苦寻求别人的批准和认可，即使那个"别人"是你的父母或伴侣。你真正意识到生活是你的，你开始专注于创造令自己满意的生活。

第二个内在成长，是你深刻地看见抱怨没有任何益处，也不会带来任何积极的改变，你开始真正做爱自己的决定。渐渐地，你开始越来越感恩，能够感受和接受来自周围的越来越多的幸福。

第三个内在成长，是你不再害怕寻求帮助，或假装一切都很好。这其实是自卑和自我价值感低的表现。你开始勇敢地示弱和寻求帮助。在这个过程中，你的自信、自我价值感和对其他人的信任都会得到重建。

第四个内在成长，是你不再幸灾乐祸别人的跌倒，不再嫉妒甚至恐惧别人的幸运和成功。你深刻地明白这个世界需要更多幸福的人,越是幸福的人越是能真正地支持别人,给出无条件的爱。于是你开始真心地支持和帮助身边的人。

第五个内在成长,是你不再执着于自己主观的观点和看法,更不会纠结或一定要争出一个胜负或对错。相反,你敞开心扉接受建设性的建议和讨论,你明白这是自我成长最好的机会。

第六个内在成长,是你不再自以为是,好为人师,滔滔不绝,对自己并不了解的人和事妄加评论。你开始聆听,这种聆听慈悲而谦逊,帮你更了解对方,拓展自己的认知,更靠近事物的真相,也带给你更多的智慧。

第七个内在成长,是你不再对曾经伤害过你的人怀恨在心,也不再对已经失去的东西念念不忘。你停止了这种作茧自缚、画地为牢的行为,学会了原谅和放下。在每一个当下,你将宝贵的生命能量用于爱自己和爱生活。

如何谈一场没有伤害的恋爱

有没有可能谈一场没有伤害的恋爱呢?答案是肯定的,接下来我们一起,从恋爱中伤害的三大来源倒推一下,来探索它的可行性。

每个人都需要爱的能量,而爱的能量有两个来源:一个来自内在，我们称之为自爱；一个来自外在，我们称之为进口的爱。我们越是拥有自爱的能力，让自己的生活发展得很好，就越少依赖进口的爱，我们就越有安全感，越自主和越自在，我们降低了对爱的供给者的期待和要求，反而可以在对方需要爱的时候出手相助，不健康或超负荷的期待减少了，自在的、多元的、相互的支持增多了，恋爱中的第一大伤害便可能化解。

恋爱是我们所有亲密关系的集中呈现。我们与自己、父母、过往恋爱对象和重要朋友的关系模式决定了这段恋爱关系的品质。如果我们在其他亲密关系中有创伤，我们将非常容易在恋爱中被刺激和伤害，进而启动自我保护机制，甚至对伴侣造成伤害，比如女生容易遭遇忽视创伤，男生则容易遭遇吞没创伤，于是焦虑的女生和恐惧的男生，合力演绎一出你追我逃的悲伤爱情故事，然而如果这些过往的创伤被疗愈了，我们从特定的过敏和应急模式中解脱出来，恋爱中的矛盾和冲突便减少了，安全的、轻松的、有创造力的爱增加了，恋爱中的第二大伤害便可能转化。

人生的终极命题同样影响着我们的恋爱，那就是死亡。对应恋爱中的分离，这个部分就非常考验我们的心灵成长水平了，有些人甚至会因为恐惧分离，而不敢全然地付出爱和接受爱；有些人则通过成长接纳分离，活在当下，全力以赴地爱着。试想一下，如果死亡并不是终结，而分离只是一个幻想，姻缘聚散是一个完美的生命过程，我们是否能珍惜每一位眼前人，并感恩和祝福他们的出现和离开呢？分离的不安和恐惧减少了，全然的、无畏的、永恒的连接增加了。恋爱中的第三大伤害便转化为爱。

如果有幸在生命中体验过对一个过往恋人的深深感恩，感激他们教会了我们什么是爱，并深刻地推动了我们的生命成长，我们便能够明白，如何是没有伤害的恋爱。

不以恋爱为目的的婚姻，才是"耍流氓"

你也许听说过"不以结婚为目的的恋爱都是耍流氓"这句话。然而越来越多没有爱或并不亲密的假性婚姻和充满压抑、制约、互相伤害的恶性婚姻，让以结婚为亲密关系终极目标的观点成为了剧毒的鸡汤。

曾经，太多人活在有关婚姻的完美幻想中，认为婚姻代表着终极的安全感和确定性，你属于我，我属于你，彼此忠贞不渝，无论发生什么都不会改变，从此永远幸福地生活下去。而当我们本末倒置，把过程当作结果，兴冲冲地推开了婚姻的大门，结果被里面的一切惊呆了。婚姻成为不安全感的最大来源，阻碍和隔绝了其他人际关系带给我们的心灵支持，婚姻中的两个人变成了彼此嫌弃、评判、竞争甚至攻击的敌人，极大阻碍了两个人的生命发展，更别提从此永远幸福地生活下去了。

当我们错误地把结婚当作亲密关系的终极目标，亲密关系将在结婚当天失去意义，并因为两个人不再继续关注、呵护和滋养这段关系而从此枯萎；当我们把生孩子当作亲密关系的终极目标，亲密关系将在孩子出生那天失去意义，并因为两个人不再继续关注、呵护和滋养这段关系而从此枯萎；当我们把改善生活当作亲密关系的终极目标，亲密关系将在生活被改善那天失去意义，并因为两个人不再继续关注、呵护和滋养这段关系而从此枯萎。

婚姻是亲密关系发展的一个里程碑，是亲密关系存续的一个形态，更是在亲密关系中彼此支持，不断成长的一份决心。

婚姻预示着一个开始，我们走出原生家庭，和另一个人建立重要的依恋关系。在依恋关系中，我们学习如何以独立的身份与另一个独立的人建立深刻的连接和信任，并通过彼此的接纳和理解，疗愈对方曾经的伤痛，转化对方的偏差行为。

婚姻为我们开启了一段修行，我们带着曾经学到的有关爱的知识和技能，开始一场付出爱、接受爱、成为爱和贡献爱的旅程。爱是一份让自己和对方都更加幸福的意愿和行动。唯有爱的不断修行，才能让两个人实现对于婚姻的美好梦想。

所以，不以恋爱为目的的婚姻，才是真正的耍流氓！如果不爱，请打破婚姻的框架、牢笼和束缚，放过别人也放过自己，给别人寻求幸福的权利，也给自己寻求幸福的机会；如果相爱，就请从现在开始，学习婚后共同成长的功课。通过不断提升爱的能力建立深刻连接，彼此信任的亲密关系；通过不断提升爱的能力让这段亲密关系成为我们此生最重要、最幸福、最感恩的决定。

一开始就注定失败的婚姻背后的六个原因

一、如果一个人结婚是为了彻底、合法地占有另一个人,那么这段婚姻注定失败。一方面,伴侣们有他们生命的主权和发展需求,你的占有会让他们窒息而想要逃离;另一方面,占有是一种欲望,而这种欲望是不会满足的。未来极有可能你又想占有其他人了。

二、如果一个人结婚是迫于某种家庭压力或社会规则,那么这段婚姻注定失败。这种婚姻与爱和美好的亲密关系没有什么实际的关系,更像是一个人,或者两个人同时被一个叫作"应该结婚了"的警察抓住,关进了一所叫作"婚姻"的监狱。

三、如果一个人结婚是情感需求与物质欲望的某种交换,那么这段婚姻注定失败。无论一些人多精明地规划这次交易的付出与收获,对于投资回报有多大的预期,终究他们会不满于这次交易的结果,并最终明白真正的爱不是靠交易可以获得的。

四、如果一个人结婚是想找另一个人爱自己，自己不用成长了，那么这段婚姻注定失败。通常抱有这样想法的人内在还是一个受伤的、未真正独立的孩子，他们通常能遇到的也只是另外一个受伤的、未真正独立的孩子。彼此不仅不能相互滋养和支持，反而会彼此伤害，弄得遍体鳞伤。

五、如果一个人结婚是想找另一个人一起过日子、生孩子等，那么这段婚姻注定失败。婚姻意味着深刻、长久而高品质的亲密关系，这种亲密关系既包含物质层面的亲密，也包含心灵层面的亲密。无法满足这两个层面，婚姻会慢慢冷却消亡，或以双方的出轨或背叛而毁掉婚姻。

六、如果一个人结婚是为了解决某些问题，克服痛苦和恐惧，那么这段婚姻注定失败。比如有些人在一段情感失败后结婚，有些人因为害怕自己年纪大了结婚，有些人为了偿还债务结婚等等。婚姻是一片土壤，你在这方土壤里种下什么种子，就必然生出什么花朵。

婚姻是这个世界上最美好的关系之一，它由两个真正拥有爱和幸福能力的人参与，并怀着极大的意愿和决心共同创造。

短期恋爱靠激情，长期相守靠清醒

很多人苦恼恋爱不能长久。其实这是非常正常的，因为短期恋爱和长期恋爱，本质上是不同的关系模式，对参与者的生命状态要求是不同的。

当你和伴侣对这五个问题有清晰的答案，你们则非常有机会建立长期恋爱的关系。

问题一：你们准备好了吗？

独自生活得很好，不代表两个人能够适应共同的生活。在心理、生理、生活方式等很多方面，两个人都需要彼此接纳和包容。

问题二：你们开心吗？

不要因为觉得短期恋爱了，就应该走进长期恋爱，如果两个人在相处中不开心，长期恋爱关系就是彼此折磨。

问题三：你们尊重彼此的边界吗？

很多人误认为爱就是没有边界，其实爱恰恰是对边界的尊重。当两个人在情感中失去自己，爱也会随之消失。

问题四：你们爱自己吗？

不会爱自己的人，会不断地向伴侣索取爱，即使一方能满足另一方，双方也很难有更多爱推动关系的发展。

问题五：你们有共同的目标吗？

亲密关系不仅仅是共同生活，更是共同成长，共同实现目标。如果没有共同的目标，亲密关系会在生活的琐碎中瓦解。

4. 超越原生家庭，爱是持续一生的成长

一生中最重要的三段亲密关系

我们来到这个世界，非常自然地进入到第一段最重要的亲密关系中，就是我们与父母的亲密关系。如果在这段关系中，我们被父母非常有爱地对待，并且目睹和学习父母之间非常有爱的互动，我们会学会自爱，并对未来的亲密关系感到安全，充满期待。

然而事实是，我们超过 2/3 的人并没有能够在第一段最重要的亲密关系中收获爱的能力，反而被深深地伤害了。父母对我们的虐待，让我们不再信任任何人；父母对我们的评判，让我们深深相信自己不够好，不值得被爱；父母对我们的忽视，让我们不断想要证明自己；父母对我们的遗弃，让我们因恐惧分离而不敢再建立亲密关系。而且通常这样的父母之间的关系也非常糟糕。我们不仅在这段关系里遍体鳞伤，失去爱自己的能力，更打心底

里对亲密关系感到焦虑和恐惧。

慢慢地,我们长大了。我们有机会和另一个人建立第二段最重要的亲密关系。如果我们非常幸运地遇到一个善良的、拥有自爱和爱他人能力的人,我们将有可能在这段关系中得到疗愈,并重新发展出自爱和爱他人的能力。遗憾的是,当我们的内在伤痛没有疗愈,当我们缺乏自爱和爱他人能力的时候,我们多半在第二段最重要的亲密关系中也只能遇到另一位"病友";一个在第一段最重要的亲密关系中同样受伤的、缺乏自爱和爱他人能力的人。

在持续循环反复的挫伤和绝望后,我们将会进入人生中第三段最重要的亲密关系——就是我们与自己的关系。我们鼓起勇气远离有毒的人和亲密关系,我们放下不切实际的期待和乞求,我们开始主动疗愈自己的内心伤痛,我们开始不断学习和提升爱自己的能力,我们开始负责任地让自己的生活幸福起来。是的,也许我们没有在第一段亲密关系和第二段亲密关系中学会自爱和爱他人的能力,但是我们决定在第三段亲密关系中成为那个世界上最爱我们自己的人。当我们真的拥有爱自己的能力,我们也会拥有爱他人和享受任何关系的能力。

真正拥有爱的能力,需要完成三次成长

首先,我们必须承认的第一个事实,就是我们中的很多人,

其实是有对于亲密关系的心理障碍。发生在原生家庭中的童年创伤，过往恋爱失败的痛苦记忆和人与人之间的伤害，让我们在对亲密关系无比渴望的同时，也充满了焦虑和恐惧。焦虑让我们想要占有和控制对方，恐惧让我们想要切断和逃离关系。在这种互动中很难生发爱，更多的是对彼此心灵的二次伤害。所以在第一次成长中，我们需要疗愈内在伤痛，突破这种心理障碍。只有这样，我们才有可能和伴侣建立健康、安全、深刻的亲密关系。

接下来，我们必须承认的第二个事实，就是包括我们中的很多所谓的成年人，其实是住在成人躯体中的小孩子。因为心智发展的缺失或停滞，我们既敏感又脆弱。动不动就会被别人激怒而发飙，要不就感觉被伤害而崩溃。我们既不成熟、独立和自信，又特别想证明自己。于是在两个成年小孩的亲密关系中，虽然时而也会有"过家家"的温暖和爱意，但更多时候纠结谁付出多谁付出少、谁对谁错、谁做了初一或谁做了十五，谁更重要的种种制约和对抗中。小孩子还是习惯从别人那获得更多爱，而不太相信自己可以成为爱，可以给出更多爱。

最后，如果我们的伤痛疗愈了，心智成熟了，我们将迎来第三次成长——尽可能地让自己的生活更幸福。很难想象一个人过得身心俱疲、情绪焦躁、心灵匮乏，因为各种原因把自己忙到焦头烂额，他还能够有足够的时间、精力、资源、智慧和意愿，参与到亲密关系的建设和家庭的经营中。所以很多人能做到真正地贡献爱，让伴侣因为我们的存在而变得更好。

爱是一份让自己、伴侣、家人、朋友，乃至整个世界都变得更好的意愿和行动；也是一个人从自我成长到贡献世界的心灵旅程。祝愿更多的人能勇敢地踏上这段旅程，去往心中的那一处高地，活出自己想要的生活。

爱的六个层级，你在哪一级

爱是红尘中最好的修行，它或者带给你最深的痛苦，让你觉醒；或者带给你更多的滋养，让你成长和贡献。

> 第一个层级的爱是生存的爱。
>
> 在这个层级的两个人的状态更像是溺水，他们无意识、为所欲为地伤害和攻击彼此，只为了能让自己浮出水面透一口气。虽然整个过程可以用你死我活来形容，但这依然是一个完美的过程。强烈的痛苦终究会唤醒两个人，停止痛苦的轮回。
>
> 第二个层级的爱是制约的爱。
>
> 在这个层级的两个人更像是战争中的双方，小到鸡毛蒜皮，大到三观不合，他们可以把任何事情转化为一场战

争，只为证明自己是对的、是好的、是重要的。因为两个人的生命能量都偏低，这场战争难分胜负，通常会陷入持续冷战和报复的拉锯战中。

第三个层级的爱是自我的爱。

在这个层级中的两个人，终于有一个人想明白自己到底想要什么，而不是继续把生命消耗在你死我活的伤害或你好我就不好的对抗中。他们终于开始爱自己了。虽然这种爱有时看起来是自私的，是在利用别人满足自己，但他们终于体验了爱，这也为他们下一阶段的修行带来经验和能量。

第四个层级的爱是相互的爱。

在这个层级的两个人成为了真正的朋友。在走过了生存、制约和自我的层级之后，他们终于拥有了一些爱和幸福的经验与能力。他们既能照顾好各自的生活，也有了一些智慧、资源和能力，与另一个人达成共识，创造共生或双赢的关系。

第五个层级的爱是成长的爱。

在这个层级的两个人成为了修行的伴侣。他们彼此都清晰地明白：幸福的人生不是没有痛苦的人生，而是有能力超越痛苦的人生。当关系越来越近，越来越靠近彼此的内核，很多的伤痛和恐惧会以挑战的形式出现。但这份成长的爱将引领两个人共同进步，创造世间少有的美好关系。

第六个层级的爱是贡献的爱。

在这个层级的两个人成为了贡献世界的伙伴。在超越了各自的苦难和挑战后，在创造了爱和幸福的生活后，他们的心中升起了巨大的慈悲和愿景：就是能够帮助更多人离苦得乐，幸福地、创造性地生活。

恋爱的秘籍藏在这两个字里

恋爱其实非常简单，而且它的秘籍，就在"恋"和"爱"两个字里。

恋代表着依恋和吸引，意味着我们既有安全感，能与伴侣健康相处，也有自身美好的生命状态，所散发的源源不断的吸引力。

爱代表着关爱和贡献，意味着我们既能够真正地关爱伴侣，也有能力支持伴侣拥有更多爱的能力，成为那个更高版本的自己。

我们自主成长，互相吸引；我们彼此贡献，相互成就，这就是恋爱的秘籍。但真正的恋爱关系，只发生在两个生命发展程度较高的人之间。

我们想要的亲密关系

我们通常以最苛刻的标准衡量伴侣，并向伴侣施加最巨大的压力，以满足我们最高的期待和最多的需求，这就是大部分亲密关系最终失败的根本原因。

想想我们为什么要建立亲密关系？除了陪伴和繁衍的需求之外，我们渴望在这段关系中，获得原生家庭可能缺失的接纳、理解、尊重、欣赏和支持。很多亲子关系失败的原因，不就是因为父母以最苛刻的标准衡量孩子，并向孩子施加巨大的压力，甚至伤害孩子，以满足父母最高的期待和最多的需求吗？真正的亲密关系，难道不应该是在这个世界上最接纳彼此、最理解彼此、最尊重彼此、最欣赏彼此和最支持彼此的两个人之间建立的吗？这样的关系才能真正地赋能两个人。走出伤痛，而不是互相攻击；成长自己，而不是互相依赖；贡献彼此，而不是互相索取。

这才是我们想要的亲密关系，这才是亲密关系的真正意义。

第三章

接纳他人，也接纳自己

越是心胸开阔的人,
越是理解生命就是一条河流。

1. 接纳受伤的灵魂

接纳是爱的开始,也是爱的根本

为什么身处各种关系,很多人依然感到深深的孤独呢?我们的确可以在各种关系中收获连接与陪伴,然而如果生命中未曾出现一个人,全然地接纳我们的一切,拥抱我们的善与恶、好与坏、美与丑、完美与残缺、神圣与卑鄙并存的木质,我们将无法在心灵层面感受到最高品质的爱。接纳让爱开始,爱到一个人的根本。

全然的接纳是什么样子呢?在这个人面前,你可以展现脆弱,接纳会让你发现脆弱背后的力量;在这个人面前,你可以诉说失败,接纳会让你发现失败背后的智慧;在这个人面前,你可以释放愤怒,接纳会让你发现愤怒背后的自由;在这个人面前,你可以说出恐惧,接纳会让你发现恐惧背后的勇气;在这个人面前,你可以纵情悲伤,接纳会让你发现悲伤背后的喜悦;在这个人面前，你可以忏悔内疚，接纳会让你发现内疚背后的成长；在这个人面前，你可以面对羞耻，接纳会让你发现爱可以转化一切。

每个人最深的渴望便是活出本我，并感受到全然的接纳。愿有这样一位真正的朋友出现，全然地接纳你，治愈你一生的孤独，让你深刻地感受到被这个世界如是地接纳和爱着。如果没有那样的朋友，你也可以用最深刻最高品质的爱来接纳自己，做自己的灵魂导师，开启一段被爱和贡献爱的旅程吧！

是的，在还是孩子的时候就受伤了

试着想象一下我们出生时的场景，我们以最脆弱和无助的状态来到这个世界。父母对待我们的方式，基本决定了我们亲密关系的底色和自己对于世界的信念。

当想到父母时，如果你会感到羞愧、内疚、冷漠、悲伤、恐惧或者是愤怒；当你和父母身处同一空间，你的身体会出现僵硬、紧绷、不知所措和想逃离的情况。很有可能，你就是童年创伤的受害者，而至亲所带来的伤害经验会转化为我们对亲密关系的恐惧和各种情感障碍。

童年创伤是指在未成年时期发生的潜在创伤事件，分为三个大类和十个小项。首先是虐待，包括身体虐待、性虐待和语言虐待；然后是忽视，包括情感忽视和疏于照看；最后是功能失调的家庭环境，包括酒精和药物的滥用、家庭中有精神疾病患者、家庭暴力、家人入狱和父母分居或离婚。这些事件不仅会在心理上摧毁一个人底层的安全感和自我价值，还会在生理上影响大脑和身体的发育，要么让我们特别容易激动，做出攻击或逃避的本能反应，要么让我们日渐消沉和萎靡，情绪上感到持续的抑郁和焦虑，身体健康总是出现各种状况。

在大多数人群中，童年创伤的普遍性高达75%以上。又因为这样的伤痛来自亲密关系，导致非常多的人对他人失去信任，对亲密关系失去了信心。与别人之间的关系越亲密，我们就越紧张，越敏感。一旦某些核心伤痛在亲密关系中被触发，最爱的人便成为伤害我们最深的人。

很多人因为自己被困在自卑、焦虑不安、无法专注、情绪失控、悲观绝望、家暴虐待、关系疏离和事业挫败的生命状态而极度自责。现在大家明白了，这些也只是我们作为受害者，在无助的状态下遭遇了童年创伤后的表现。让我们像对待一个受伤的孩子一样对待自己，停止对自己的苛责和攻击，接纳这个受了伤的自己，把自己拥入怀中，开始用爱来疗愈自己。

是的，我们生活在各种歧视和评判中

在这个星球上应该没有其他物种比人类更喜好歧视与评判了。这些歧视与评判逐渐衍生人与人之间最明显又最普遍的伤害。无论是出于恐惧、无知还是自我憎恨，我们是如此善于把自己的不安全感、低价值感和自我厌恶的内在品质投射到其他人身上，通过歧视、评判甚至霸凌他人来安抚自己内心的痛苦。

这些歧视和评判普遍地发生在这十二个领域中：

一、外表身材

二、父母形象

三、家庭状况和条件

四、子女养育

五、财富事业

六、身心健康

七、性别或性取向

八、年龄

九、宗教信仰

十、身份地位

十一、口音/表达方式

十二、遗留创伤

除此之外，还包括种族、肤色、受教育程度、衣着等各个方面。商业社会的品牌竞争又加剧了这种人与人之间的隔阂与等级。

人们不断地给自己贴上各种各样的标签，并不断创造更多、更高级的标签，以把自己和其他人区隔开来，让人类社会变成了一个充满隔阂、彼此竞争、相互歧视与评判的恐怖世界。一些人被我们歧视和评判着，我们又被另一些人歧视和评判着，那些歧视我们的人又被另一些人歧视和评判着。人人都在其中，无名地把自己的伤痛和恐惧转嫁给其他人，再通过其他人更多地转嫁出去，甚至遗传下去。在我看来，这才是人类所面对的最有威胁的病毒，也是人类的集体精神病，我们居然还合理化了这种赤裸裸的互相伤害。

有多少女生出生在重男轻女的家庭，因为不被欢迎、不被接纳、不被关爱、不被公平对待而深信自己是不好的、不值得被爱的，甚至自己的存在都是一个错误。她们用尽一生来迎合和讨好那些歧视她们、伤害她们的人……

我们在湖南郴州遇到一位十岁的小男孩，因为来自乡下，被城市里的同学嘲笑和排挤。他很想和其他同学一起玩，但这些同学就是不理他，以至于他需要通过攻击他人来引起别人的注意，来被看见，老师和家长对他的斥责和不理解，让他想要离开这个世界……

痛苦无关性别，很多男生用尽一生投入到一场无休止的竞争和比赛中，试图通过成为胜利者获得理解和尊重。即使是其中的佼佼者，比如地位已经是某上市公司的董事长，亿万富翁。他个人在行业中受人尊敬，其企业在行业中处于龙头，但他依然无法得到身边人的理解和尊重，特别是家人的理解和尊重，从而感觉自己像一个孤儿，行走在一个冰冷的世界……

是的，我们生活在一个充满歧视和评判的世界中，改善这种情况是一个巨大的心灵工程。如果想要有勇气和慈悲心对待自己、接纳自己，是不是需要先消除彼此内在的歧视与评判呢？

为什么痛苦的记忆总是挥之不去

人类的大脑偏爱痛苦的记忆，而不是快乐的体验。想想我们的祖先，他们生存的世界险象环生。假如从危险中死里逃生，他们印象深刻的是这次经历的危险，而不是那天晚上的烤肉好吃。"一朝被蛇咬，十年怕井绳"的生命模式，让他们最终生存了下来。然而时至今日，曾经让人类生存下来的有效机制，却极大地破坏了人与人之间的关系。

相比父母在我们成长过程中的默默付出，我们更容易记住他们曾经怎样伤害了我们；相比伴侣在生活中对我们的关爱和照顾，我们更容易记住他们曾经怎样伤害了我们；相比兄弟姐妹、挚友亲朋带给我们的欢声笑语，我们更容易记住他们曾经怎样伤害了我们。

慢慢地，这些痛苦的记忆构成我们对家人和朋友的印象，甚至成为一种信念，让我们无法与他们亲密，甚至害怕和其他人走进亲密关系。

大脑以这样的方式"保护"我们，而我们可以温柔地告诉它："别担心，我已经长大了，我拥有了更多保护自己和关爱他人的能力。我们一起把痛苦的记忆转化为幸福的经验吧！"

这个世界不需要多一个内疚或羞耻的人

你会为什么而感到深深的内疚呢？你因为这份内疚而惩罚自己多久了呢？你为什么会感到深深的羞耻呢？你因为这份羞耻而伤害了自己多久？

也许你曾做错了一些事，辜负了一些人，伤害了一些人，甚至因为自己是那个幸存者而感到内疚，或是你曾被深深地伤害，被一些人侮辱，被一些人侵犯。内疚和羞耻是人类心理层面最为严重的伤痛，它从根本上否定我们的一切，甚至存在的合理性。内疚和羞耻又像是最最深层的心灵囚牢，深深地囚住我们，阻隔了我们与他人与世界的连接和爱的流动。

记得在一个个案中，一个非常善良的人第一次有机会把自己内心最深的羞耻告诉给另外一个人。她曾经在生命中一个很特殊且困难的时期，有过婚内出轨的行为。因为这个羞耻的行为，她付出了巨大的代价。虽然她的先生并不知情，但因为她内在的自我惩罚，她忍耐了婚姻中长达七年的羞辱、攻击甚至是暴力对待。她无法保护自己，只是默默地承受，因为她觉得自己就应该被这样对待，就应该被这样惩罚。另外一方面，她是一个非常有责任感，乐于付出和奉献的人。她生活中 99% 的时间是在努力地让身边的人开心，自身却因为 1% 的羞耻，永远无法开心起来。

从今天开始，从此刻开始，无论别人对你做了什么，或者是你对别人做了什么，都请你从内疚和羞耻的幽暗地牢中走出来吧。

那些曾经发生在你身上，深深地伤害了你的事情，并不是你的错！请不要再继续折磨自己的内心。要理解那个时候，你还是个孩子，并未拥有爱的能力，也没有足够的智慧和力量保护自己。

那些你曾对别人所做的，深深地伤害了他的事情，也并不是你的本意。因为我们清楚地看见你内在的善良。那个时候，你还未成长，并未拥有爱的能力，也没有找到更好的方法，超越恐惧和欲望。

为了曾经被你辜负、被你伤害的人，也为了曾经被人伤害的自己，请好好成长自己，拥有更多爱的能量，让自己成为一个幸福的存在吧！这个世界不需要多一个内疚或羞耻的人，而更需要一个勇敢成长、真正拥有爱的能力的人。

不接纳他人对你施加的内疚操控

真正爱你的人不会总让你活在内疚中。因为相比惩罚你，他们更希望你幸福，或者和你一起解决问题。即使问题真的解决不了，他们也会鼓励你好好成长，祝福你好好地生活。

而不太成熟或没有太多爱的能力的人，则会有意识或无意识地把"内疚游戏"作为一种策略，得到他们想要的补偿或控制权。他们通常会推卸责任到你的身上或者为自己开脱找借口；或者只要他们难过一天，你就应该内疚一天。

青涩的人更容易在情感中内疚，他们觉得自己特别对不起伴侣，把所有的错误和过失扛下来，认为是自己搞砸了一段感情，甚至开始否定和攻击自己。我特别能理解这份痛苦，尤其是一些人本来就有内疚创伤，自我认同感和自我价值感都偏低，就更容易在亲密关系中深陷对方有意识或无意识开启的"内疚游戏"。只要你没能让他们满足、满意，或者稍不留神忽略了他们，无意间刺激或伤害了他们，你便可能成为亲密关系中他们所谓的一切伤痛的源头或分手的理由。

就像开篇所说的，如果伴侣真的爱你，真的拥有爱的能力，他们会更看重你的幸福或者和你一起发现问题，解决问题。

如果你的伴侣还未具备这样的品质，也请不要再代替他们做一个惩罚自己的人。试着真正地爱自己，像一个拥有爱的能力的人那样对待自己，鼓励和支持自己走出内疚，成为一个真正幸福的人。这对你、对别人和这个世界，都更有意义。

不照单全收他人对你的定义

自从我们来到这个世界，我们便开始通过他人，包括我们的父母、老师、爱人、朋友等来了解我们是谁，我们是否够好，是否值得被爱，以及我们的生活应该是怎么样的……

有一位女性朋友让我印象特别深刻。她是一位一路从好孩子、好学生、好员工成长过来进入婚姻的女士，希望继续成为一位好太太。她很用心地付出，来经营自己的婚姻。而她的先生完全在另外一个生命状态中。他自卑而强势、没有安全感而多疑，经常在语言上，甚至肢体上贬低和攻击她。因为受困于要成为一个"好太太"的信念，我们也并不知道这个"好太太"的概念具体是怎么来的，如何定义的。她痛苦、压抑地承受着这一切，而且更戏剧性的是，她的先生在对她施虐后，还会对她进行一次非常重要的思想教育："我这么做，就是要你知道世界多么险恶。"可想而知，在这样的状态下，她的自我价值感和世界观几近崩塌。

这样的剧情不仅发生在亲密关系中，也频繁地发生在原生家庭的教育中。父母基于自己的认知水平和生活状态，在不幸福的感受下，把不够好、不值得被爱的自我认知和不安全、充满伤害和危机四伏的世界观灌输给了他们处于空杯状态的孩子，于是复制出了又一个不幸福的人。

如果你也觉察到了这种现象，明白自己仅仅是这样被定义或塑造的，这是一个重要的觉醒。我想对大家说，不要被不幸福的他人定义了你自己的人生。即使是你所深爱、尊重或忠诚的人，也无权仅凭他们自己的喜好定义你，他们甚至无法仅凭自己有限的认知理解你。

不要照单全收他人，特别是不幸福的人对你的定义。你生命的奥秘和伟大经由你自己的探索和成长而展现。

接纳痛苦，才能超越痛苦

佛陀曾用这样一个比喻形容无量心。当尘埃落入水杯，我们会拒绝再喝这杯水，甚至倒掉这杯水；当尘埃落在大河，河流广大，足以接纳尘埃，我们还是会继续喝那条河里的水。尘埃好比伤痛，心胸决定我们是那只杯子，还是那条大河。

越是心胸狭窄的人，越是关注水杯里的那粒尘埃。一个伤痛，一次失败，就让他们整个人都不好了，甚至整个人生都被认定是失败的。他们愤怒而悲伤，很难善待自己，也很难善待他人。他们将大部分时间和精力用于对抗伤痛或攻击别人，却很少关爱自己，带领自己通过实在的成长，从杯子的限制中解脱出来，汇入江河湖海。即使他们用尽一生，把尘埃过滤出去，成为了看似更加纯净的水，到头来他们或者发现自己的整个一生，依然还是一杯水，而没有得到发展；或者发现原来看似纯净的水里，竟然有比尘埃多万万倍的细菌和微生物。

越是心胸开阔的人，越是理解生命就是一条河流。一个伤痛，一次失败，对于生命来说，是太正常的存在了，而且还丰富了生命的阅历。他们平和而宁静，依然爱自己，做自己。他们也爱他人，允许他人做自己。他们将大部分时间和精力用于自我成长，过程中不仅接纳尘埃，拥抱痛苦，还将它们转化为矿物质，滋养自己和流经的两岸。他们的生命进程让自己和生命中遇到的其他人、其他场域都得到了爱的滋养。

有些人总是追问为什么，比如我为什么要受到这样的伤害？为什么是我的杯子里落入了尘埃？对抗痛苦，只会在痛苦中越陷越深。最后你甚至会忘记自己是水，而认为自己是那粒尘埃。

有些人则会追问自己应该如何改变这一切，比如怎样能成长自己？如何成为一个幸福的人？怎样爱自己爱他人？接纳痛苦，才能超越痛苦。你要始终记得自己是水，是生命之源，通过生命发展终将汇入大海。

勇敢爱自己，即使有人认为那是自私

很多人在学习和践行爱自己的过程中都会有这样的疑问："自私和自爱的区别是什么呢？我这样爱自己会不会被别人认为很自私呢？"

我们先从外部视角来看一下这个问题。

如果对方是一个习惯了压抑自己的需求，不断满足别人的需求，甚至标榜自我牺牲的拯救者；又或者是一个欲壑难填，烂泥扶不上墙，不愿对自己生命负责的寄生虫。无论你付出多少，无论这些付出占用了你多少的生命资源，但凡不能达到对方满意的程度或他们牺牲的水平，都可能会被对方认为是自私的。

但如果对方是一个爱自己的，对自己生命负责，生活相对幸福和满足，也愿意力所能及地支持和帮助身边伙伴的人，他们会理解你的困难和挑战，明白你要有能量才能贡献能量的基本道理。他们会把"要求"转化为"邀请"，甚至建议你先照顾好自己。因为他们爱你，他们明白爱满自溢的道理。

我们再从内在视角来觉察一下两者的区别。

如果出于自己的无知和未成长，不断地威逼、利用他人来满足自己，让他人为自己的生命负责，无止境地寻求恐惧的安慰和欲望的满足，让自己变成了一个能量的黑洞，从未想到自己在接受这些能量之后，如何转化这些能量给更多人，这就是自私的。

如果出于自己的觉知和需要，自己主动开始照顾自己，关爱自己，在必要时邀请身边的家人、朋友给予自己一些力所能及的支持，并明确知道在自己收获这些能量后，能更好地转化和付出这些能量帮助他人的话，这就是自爱。

而且我们通常发现，越是自我价值感低，习惯牺牲自己，优先满足别人，甚至讨好别人的人，越是会担心这个问题。而真的很自我，甚至很自私的人，反倒不会有这样的困惑。他们会觉得一切是理所当然的。如果觉察到自己付出的爱远超过给自己的爱，请勇敢地多爱自己一些。

2. 原谅自己爱的能力有限

避免落入假装正能量的四个陷阱

一些人无论在什么情况下都会呈现积极的态度。这在临床上被称为"积极思维成瘾"或"毒性积极"。这种一味拒绝负面情绪，实则无法面对真相、逃避问题的偏激做法，不仅无法创造真正的积极情绪，反而会对他们的心理健康和生命发展造成巨大的影响。

> 陷阱一
>
> 假装正能量的人情绪上更容易抑郁。其实并非每个人每天每一刻都应该充满正能量，生活中需要负面情绪的平衡空间。回避让我们难过或愤怒的事情，不去处理它们，反而会阻碍我们的成长和超越。久而久之，累积的情绪压力会不断侵蚀我们的身体，导致焦虑和抑郁。

陷阱二

假装正能量的人在亲密关系中更容易受害。有类似行为倾向的人通常在亲密关系中扮演拯救者或者付出者的角色。起初在自己生命能量充足的时候，通常能够给予对方很多支持，但一边付出爱，一边维持。正能量始终会快速耗尽，一旦能量被耗尽，他们将陷入恐惧、焦虑和愤怒当中，化身为受害者的角色。

陷阱三

假装正能量的人会慢慢失去同理心和共情力。因为一味地拒绝负面情绪，我们会无法容忍和接纳自己和他人的完整情绪，我们开始对自己和别人的情绪感到麻木，压抑地活在一个看似正向，但并不真实的世界里。其实这反而破坏了你们之间的关系。

陷阱四

假装正能量的人需要寻求帮助时难以启齿。为了保持自己积极和正向的人物设定，一些人会呈现他们很好，一切都没有问题的样子。他们的假装正能量形成了一个坚固的外壳，既阻碍了他们自己从内在向外寻求别人的帮助，也阻碍了关爱他们的人从外在给予他们关注和支持。

一些人外表越积极，越光鲜，越成功，内在反而越压抑，越悲伤，越恐惧。他们已经受困于假装正能量的囚笼中太久了。接纳是疗愈的开始，当我们允许自己有负能量，有情绪低落的时候，并在这个时候更多地关爱自己，而不是假装正能量展现给外界看，你会发现在你能量恢复之后，你会比过去更有正能量，而且是由内而外、自然生发的真正的正能量。

别再为发脾气而自责了

在很多人的认知中，发脾气是不好的，可能会导致一系列的不良后果。所以，有人会因为一时没能控制住情绪，更准确地说应该是没压抑住情绪而深深自责。

其实大可不必，我们一起来看看情绪发泄背后的积极意义。

情绪是内在能量低的报警，就像手机的低电量提醒。现代人的社会角色更加多元，承担的各种责任越来越多，面对的各种工作压力越来越大。如果亲密关系没能给彼此充电，生活方式又不是特别健康，大家的电量会很容易耗尽，于是情绪预警就出现了。就像没睡饱就会有起床气一样，本来内在能量就很低了，外在事件又不断消耗你的能量，你的情绪当然会为你挺身而出，停止外在消耗能量的事件，提醒内在及时休息和充电，好好关照自己。

情绪是除了动口或动手以外，保护自己的必要手段。通过情绪维护自己的边界和权益，警告对方停止对自己的伤害行为，是非常合理的自我防卫，也是非常重要的生活能力。能够不断练习和提升这种能力，并在生活中做出示范，我们不仅能够更好地保护自己，更清晰地向家人和朋友表达你希望被怎样对待；更能够把这种合理的自我防卫和重要的生活能力传授给你的家人和朋友，让他们的生活因为更有智慧的情绪表达而受益。

所以，发脾气既可能是一种预警机制，又可能是一种保护机制。当然，我们需要觉察因为自己的伤痛或状态糟糕而对别人发起的情绪攻击和情绪虐待，或是因为自己不会应对情绪而要求他人对自己的情绪负责。这样的行为，即使事后会自责和道歉，也都会给对方和你自己带来深远的伤害和负面影响。

完美主义者自虐的七种模式

完美主义者的信仰是只有自己是完美的、自己比身边所有人都优秀，才有资格生活在这个世界上。他们是自己心智世界中的暴君，常常会以以下七种模式虐待自己，阻碍自己的生命发展。

> 模式一
>
> 完美主义者工作过度，直到一切都完成才能放松。这会破坏他们生活的平衡，让他们持续处于紧绷的状态，错过和失去了享受生活的机会和能力。

模式二

完美主义者总是对自己感到不满，自我批评。要知道，对自己太苛刻并不能激励自己表现得更好，反而会降低你的内驱力，甚至引发抑郁、焦虑、羞耻的心灵伤害。

模式三

完美主义者容易陷入绝对的思维圈套。要么是对的，要么是错的；要么是好的，要么是坏的；这样两极绝对的思维模式会让完美主义者失去了解真相的机会。

模式四

完美主义者很难寻求或接受帮助。因为总是觉得别人做的事情不够好，他们宁愿事无巨细地做每件事，而且他会认为寻求帮助是自己虚弱或无能的表现。

模式五

完美主义者想得太多，很容易拖延。完美主义者花过多的时间思考一些无法改变的事实或焦虑自己不够好和失败的地方，这使得他们非常容易拖延。

模式六

完美主义者会固步自封，不愿尝试新事物。他们喜欢坚持自己知道或擅长的事情。新事物对他们来说有风险，这种模式极大地限制了他们的成长和发展。

模式七

完美主义者经常过度关注细节，导致效率低下。你有没有觉察自己有不断地重做任务，检查后再重做一遍检查的习惯？这大大降低了你完成总体目标的效率。

能够接纳自己的"不接纳"和"不完美"，其实是真正自然的状态，也是真正完美的状态。

改变评判自己的信念

很多人对自己有着诸多的评判，说起自己的不好，他们甚至可以滔滔不绝。但事实上，他们既不是权威，也不代表宇宙真理，甚至连自己的生活都过得非常没有说服力。他们既不是喜悦的人、自由的人，也不是幸福的人、成功的人。一个不喜悦、不自由、不幸福、不成功的人，凭什么有资格，自以为是地认为他们评判自己的标准就是千真万确的，他们就真的如自己所认为的那样糟糕呢？

其实这些评判和我不够好的信念，大多来自童年时期的心灵创伤和家庭与社会中最亲近的人对我们的评价。我们在无意识地接受了这些信息，然后就信以为真，将其奉为了信仰和真理。然而那些对我们下了这些判断的人，他们生活得怎么样呢？他们是某方面的权威吗？他们是科学家或人类学家吗？他们又代表着宇宙的真理？

即使是人类社会的某种文化共识，比如富有的人才值得被称颂，时尚的人才值得被追随，这些社会上的刻板思维也并没有任何资格来定义和评判你的人生。世界是多元的，你是独一无二的。当你觉醒，并解开人类社会的作茧自缚，施加在大多数人身上的心灵枷锁，体会勇敢地活出自己的人生，你会成为身边人的光，带给他们极大的鼓舞和希望，整个世界都会为你鼓掌。

如果过得好，你不会评判自己；如果过得不好，你没资格评判自己。只需要相信，你是最棒的！

自我憎恨与自我残害

世界会有人憎恨自己吗？有的，而且还不在少数。这些人会发展出心理学上称为"自我憎恨"的生命模式，包括内在对自己施加持续的自我厌恶感、自卑感和自我评判。

自我憎恨的人十个内心独白，由浅入深依次是：

> 一、如果人们知道我真实的样子，他们会感到震惊。
> 二、我的内心是可怕的，可憎的。
> 三、我无法忍受我自己是谁，我很恶心，我很可耻，我很软弱。
> 四、任何人都有充分的理由憎恨和伤害我。
> 五、可怕的事情总会发生在我身上，只是时间问题。
> 六、我在性和性别方面感到羞耻，我的身体令人反感。
> 七、我不值得被原谅，我就应该被嘲讽。
> 八、我注定会失败，我不值得同情和帮助。
> 九、我的一生都会很失败。
> 十、我的存在本身就是一个错误，我为什么要活着。

自我憎恨的人通常遭遇过巨大的童年创伤，霸凌、性侵犯、有毒亲密关系中的情感虐待，以至于他们在存在本质的层面全面地否决自己。他们生活在由自己的心智所创造的悲惨世界中，并在这个世界里代替曾经伤害过自己的人，变本加厉地残暴对待自己。

他们会完全放弃对生命发展的追求；容忍并忍耐糟糕的关系和其中衍生的各种伤害；生活稍微有一些改善就会亲手推翻它。自我憎恨不仅限制了他们在生活中取得进展，更会因为不断的内在攻击，引发抑郁、焦虑等心理健康问题，甚至有时会做出伤害自己身体或危及自身生命的行为。

我遇到过一个十五岁就有过几次自残和自杀经历的女孩。一位男生在听过她的遭遇后，双手捂着自己的面部，无法相信这些事情就真实地发生在自己周围。其实这个十五岁的女孩是幸运的，她正在学习如何克服自卑和自我接纳。而就在我们身边，自我憎恨的自我残害行为也许正在发生，不断提醒着我们这是一个多么需要更多爱的世界。

接纳自己爱的能力有限

关于亲密关系，你需要思考以下三个问题：

> 你或你的伴侣缺爱吗？
> 你或你的伴侣敢爱吗？
> 你或你的伴侣会爱吗？

这三个灵魂拷问揭示了恋爱困难的根本原因。

缺爱的感受来自我们在生命发展初期，特别是6岁以前，未能得到养育者足够的关爱，导致我们内在的存在感、安全感、归属感、认同感、价值感缺失或发展不完善。缺爱的成人在情感中其实更像是一个孩子，需要找到一个情感养育者，来弥补未被满足的情感需求。这会给伴侣带来巨大的挑战和压力。又因为自身心智的不成熟，他们通常找到的另一半也是一个缺爱的孩子，于是亲密关系变成了一场互相伤害的战争。

缺爱的成年人又普遍会在原生家庭和过往的亲密关系中受到伤害。"一朝被蛇咬，十年怕井绳"，于是我们对亲密关系形成了某种心理障碍，导致我们不敢进入亲密关系、接受爱和付出爱。即使索性走进亲密关系，又会因为未曾在原生家庭和过往的亲密关系中，了解爱是什么和养成爱的能力，因为不会爱而导致亲密关系的失败和不长久。

真正的爱，发生在两个生命发展水平较高的人之间。如果你意识到自己缺爱、不敢爱和不会爱，就需要接纳这个很多人都在面临的成长课题，带领自己重新完成一次内在成长的过程。在修复和重建自己的存在感、安全感、归属感、认同感和价值感后，我们将不再因为缺爱而继续乞讨爱，也将不再因为不敢爱而逃避爱，更棒的是在这个过程中，我们将学会如何爱自己，也拥有了爱他人的能力。

当一个人对自己的不接纳

被另一个人全然地接纳了,爱的奇迹便会发生。

每个人或多或少都有对自己的不接纳和不喜欢,甚至是憎恶。这些不接纳、不喜欢和自我憎恶,就像我们内在散发着恶臭的心灵垃圾堆,让我们小心翼翼、遮遮掩掩地生活,和任何人都保持距离,甚至自己都越来越背弃自己。

这些心灵垃圾并非是我们主动创造的,而是我们的生命特质在被其他人,特别是不富足、不成功、不幸福、不喜悦、无知却又自以为是的人,评判、歧视和指指点点、说三道四产生的。一个人曾被另一人歧视,自我的不接纳便产生了。这个人再把这个过程复制和传递给更多人,创造出更多人心中的心灵垃圾。后来,受苦的人们居然适应了这种恐怖的生活方式,认为这就是现实,这才是对的,甚至有人有意无意地在别人心中创造更多的心灵垃圾,包括自己的家人和孩子,以让自己的心灵垃圾堆看起来小一些,自己生活得好一些、更成功一些。

而当一个人对自己的不接纳,被另一个人全然接纳了,爱的奇迹便发生。不知你是否有过这样的生命经验?以接纳所展现的爱通常会给一个人的生命带来三个巨大的改变:首先,他们会放下巨大的心理负担,轻松、快乐、自由地和更多人连接,分享美好;接着,他们会更有智慧地发现,没什么对错,只是视角问题,自己曾经嗤之以鼻的特质恰恰可能是有待发展的优势;最后,即使是再不堪的人生，也可能因为一个人感受到了慈悲的力量而升起一份勇气，向阳而生。爱让我们内在曾经散发着恶臭的心灵垃圾堆，变成了一片生机盎然的青草地，甚至是散发着芬芳的心灵花园。

在这颗星球上的人与人之间，每时每刻都发生着爱的奇迹。而且它并不难——接纳另一个人，更接纳自己，我们就在创造这个奇迹。

3. 不要跟乞丐要钱，不要跟不懂爱的人要爱

"不要跟乞丐要钱，也不要跟不幸福的人要爱。"这是我们最想提醒大家觉察的一句话。

有人因为早年遭遇来自父母的忽视和评判、攻击或虐待伤心不已；有人抱怨伴侣不爱自己，不愿沟通，不尊重自己，PUA（情绪虐待）或家暴自己；他们眼中满是泪水，不断地追问：为什么他们不爱我？

答案是：他们并不幸福，也因此非常欠缺爱的能力。

如果生活压力重重，险象环生，匮乏无望，在这样的状态下，他们自身难保，疲于奔忙，又如何有更多的精力和资源去关注和支持伴侣或孩子呢？如果在儿时或过往的亲密关系中，他们也未曾被高品质地爱过，内心也充满伤痛和恐惧、敏感而脆弱，他们又怎样有经验和能力，以你想要的方式去爱你呢？

与其继续追问为什么他们不爱我，不断地向并不幸福的人索

要爱，不如负责任地、主动地成长自己，让自己成为一个幸福的、真正拥有爱的能力的人。这个世界需要更多幸福而有爱的人。

能否接纳伴侣有时没那么爱你

爱一个人是需要能量的，除了这股神奇的能量之外，还需要一些非常实际的资源，比如时间、人力、物力、财力、专注力、情绪力和创造力，等等。

当我们说我们爱一个人，就是把这个神奇的能量连同刚刚所说的各种资源，传输给另外一个人，以激发对方的生命成长，帮助其成为一个更好的存在。

既然这个过程类似于充电，我们是否能接纳伴侣有时没有那么爱我们呢？我们是否因为缺乏爱自己的能力一味地、理所当然地向对方索取？我们又是否想过对方不断给我们爱，那对方的爱又从哪里来呢？在对方为我们传输了那么多爱后，对方的电量或者能量状况会怎样呢？

很多人在情感世界里依然停滞在被养育的孩子或是被供奉的王子或公主的状态。这使得他们理所当然地向对方索取尽可能多的爱，即使对方的能量已经报警，他们依然会在自己未被满足时抱怨对方不爱自己了。

真的很希望这些人有机会作为观察者来到对方的世界，去实际了解一些对方为了爱你到底付出了多少的努力和多大的代价。

其实很多时候，对方爱的能量也非常有限，即使在这种情况下，他们依然选择把爱给你。

接纳伴侣有时的无力和崩溃；接纳伴侣有时真的爱到失去能量；接纳伴侣也是人，也需要恢复能力；认识到伴侣也需要被爱，渴望被爱。不要再动不动就控诉对方不爱你了。试着提升自爱的能力，并用你爱的能量在对方能量较低的时候给予他们力量吧！这才是真正的爱。

如何接纳伴侣的情绪

如果我们的伴侣感冒了，你会不会呵斥他们："你为什么感冒了？"我们当然不会那么做，因为我们知道感冒是很常见的现象。情绪释放也一样，情绪爆发就像是心灵的感冒。不允许情绪释放，压抑情绪，如同轻微的感冒没有被重视和治疗，容易发展成更为严重的疾病。

你应该明白正是伴侣在你们之间的亲密关系中感觉安全，才会释放情绪，表达自己的心灵求助。所以有爱的人会允许和接纳伴侣的情绪，并在自己的认知范围和能力范围内向伴侣提供情绪上的支持。

比如，我的妻子在感受到我的负面情绪时，她会温柔地来到我身边，让我察觉她也在感同身受。然后她会询问我："我为你做些什么可以让你感觉好一些？"通常在被这样对待的时候，我的负面情绪就已经被爱溶解了 1/5。如果我选择给自己一些时间和空间安全地释放和转化自己的情绪，她会尊重和支持我的需求。在没有外界压力的环境下，我又能通过自我关爱和内在心理建设转化 3/5 的负面情绪。过了一段时间，我也不知道为什么她在时间的拿捏上是那么有智慧，她会在最适合的时间再次来到我身边，给我一个温暖的拥抱或者递给我一杯亲手冲泡的热咖啡。看着她充满爱的眼睛，最后 1/5 的负面情绪也被爱溶解了，我从这次心灵感冒中痊愈了。

当然这个有爱的情绪释放过程并不是看上去这么简单的。它建立在：

> 一、我们不会用情绪攻击对方。
> 二、我们不推卸责任，也不要求对方为自己的情绪负责。
> 三、我们的内在足够地稳定和有力量，足够应对情绪的冲击和刺激。
> 四、遇到问题我们都会向内探索和成长。
> 五、我们各自都很有爱，很有疗愈的能量，我们的关系也是平等的。

每一次情绪的爆发，都考验着彼此爱的能力和生命发展水平。

至少我们可以接纳伴侣的情绪，在亲密关系中建立安全的空间，让伴侣的心灵压力得以释放。

接纳冲突对感情至关重要

很多人有这样一个误解，他们认为在完美的爱情中是不存在冲突的。然而实际情况是，冲突的存在让这段爱情更加完美。

在非常多的家庭中，父母和孩子之间相处得非常和谐，或是伴侣之间相处得相敬如宾。在外人看来，他们都是幸福生活的代言人，而真实的感受只有局中人自己知道。很多人把这种相处状态描述为"看似风平浪静的海面，下面暗潮汹涌"。非常多的伤痛和情绪被害怕冲突的恐惧压抑在下面。是的，虽然冲突没有爆发，但是彼此关系也很难亲密了。所以当我们拒绝冲突时，我们也失去了更深地接纳彼此的机会。

在很多家庭中，父母和孩子之间会发生激烈的冲突，或者伴侣之间长期陷入冷战。无论是热战还是冷战，其实都是一种彼此的对抗和攻击。即使吵到筋疲力尽，双方同意休战；或者其中一方害怕伤了感情，极力求和。冲突停止和冷战化，我们也只是在狼狈地应对冲突，加剧冲突，而未曾有机会去探索冲突，并超越冲突。当我们无法接纳回应冲突，冲突就失去了增进彼此了解和深化彼此关系的意义。

冲突的背后可能是过往的伤痛、未被满足的需求、意识层面的差异，等等。本来这些给双方提供了更深刻更完整了解彼此，疗愈和成长彼此的宝贵机会，却因为我们对冲突的恐惧，和基于恐惧所采取的对抗或逃避的应对策略而演化为向对方撒气、报复对方的攻击行为。

真正幸福的伴侣、挚爱的家人和朋友之间并不是没有冲突，而是他们能够接纳冲突，并有能力不断地在冲突中探索真相，选择用爱来回应彼此，并最终收获更深刻的情谊和成长。

不要因为小小的伤痛，而否定了大大的爱

能否接纳伤痛和失望，是一个人是否成熟的表现。而接纳伤痛和失望也是一项重要的爱的能力。

我们是否会因为伴侣的小小过失，就大声宣称："你不爱我了！你根本就没有爱过我！"反过来，我们又是否遭遇过伴侣因为一件小小的过失，而否定了我们的所有付出，那种委屈甚至会到达愤怒的地步。做对了九件让你满意的事情，只要一件事让你不满意，其他的九件事就被一笔勾销了。这既不科学，也不合理。

执着地认为对方爱我们，就要满足我们所有的要求和期待，随时能以最饱满的爱意供养我们，不让我们有任何的伤心和难过，但凡伴侣没有做到以上几点，我们就要闹分手，这说明我们是没有智慧和爱的人。这就像房间里的一个灯泡坏了，我们却要把整个房子拆掉一样。

还有些人会说，那根本就不是小小的伤痛，而是大大的伤痛，

最深的伤痛！这是因为我们内在本就有对应的核心伤痛。这使得小小的摩擦、矛盾和不满，被放大成一个巨大的洪水猛兽，同时我们的心智又缩小回曾经那个惊恐不安的孩子，当大脑中的杏仁核被情绪劫持，我们的理智退到了幕后，只能本能地做出攻击、逃避、压抑或讨好的反应，而其中一种常见的攻击方式就是全盘否定伴侣的爱和付出宣称他们根本就不爱我们，甚至要分手，切断这段关系以惩罚对方。

如果你明白了、看清了这个模式，就不要因为小小的伤痛而否定了伴侣大大的爱。即使我们认定是大大的伤痛，如果你是一个真正有爱的人，最负责任的做法就是疗愈和成长自己，并尊重和感恩他人曾经和正在给我们的爱。当我们真的疗愈了、成长了，你会清晰地看见自己在这个世界上所得到的爱，真的远远大于所遭遇的伤害。

❤ 接纳真实而多元的你

我们需要小心亲密关系中的"单一角色陷阱"。

如果你在亲密关系中小心翼翼地扮演着一个懂事的、听话的伴侣，一个好先生或者一个好太太，一个有责任感、不断付出的人，一个坚强、可以撑起一切的人，或者更像是伴侣的爸爸或妈妈，又或者是想要拯救伴侣的人，那么你非常有可能已经落入了亲密关系中的"单一角色陷阱"。

单一角色陷阱是指我们对于自己在亲密关系中的角色形成了

限制性的信念和认知，认为为了满足伴侣的需求，为了维持和发展一段亲密关系，我们一定、必须或只能以特定的一个身份和角色与伴侣进行互动，否则我们会深深地恐惧伴侣会因为得不到满足而不爱我们了。

这种本质上基于恐惧所产生的互动模式会给亲密关系带来非常多的挑战。作为总是付出和承担的一方，你的能量会一直处于消耗的状态；又因为总是压抑自己的需求和情绪，这种压抑状态会让我们失去生命力；还有即使你通过这个角色赢得了爱，也会深深地陷入恐惧和怀疑，对方爱的到底是你还是那个角色，如果真实地做自己，对方还会不会爱我们，等等。

真正美好的亲密关系允许和接纳伴侣能真实而多元地做自己。两个人以最好的朋友为身份基础，当一方有时变成脆弱的孩子，另外一方会成为关爱的父母，反过来也是可以的；当一方陷入低迷、迷惘和困境，另外一方会成为高明的老师，反过来也可以；当一方取得成绩和进步，另外一方会成为啦啦队长，反过来也可以。

每个人其实都有非常多的面相，而不仅仅是某一个单一的人设。成熟而美好的亲密关系接纳真实而多元的彼此。在不同的角色中，你和伴侣都会得到更大的心灵发展。

"自私"带给亲密关系的三个美好转变

这里的"自私"的确有优先关注和满足自己需求的含义，但并不包含贪得无厌地利用或掠夺他人的生命资源，无止境地喂养自己的无知、恐惧和欲望的行为。

如果你常常习惯性讨好对方，希望用自己的付出交换关系和爱，当你学会"自私"，意味着你朝着自爱迈进了一大步。你不仅正在打破可能从小就在和父母相处中养成的取悦和交换的亲密关系模式，更能重建自尊、自信和自我价值。拥有这样内在品质的人，才会得到对方相应的对待。

接下来，你可以把自己想象为一个充电宝。不管你多爱对方，多习惯和多享受为对方付出，最重要的前提是你自己是有电的，并能够自主地有意识地管理和增加自己的电量。这就是"自私"的艺术。你的电量越高越持久，你给到对方的爱就越高品质、越无条件，也越持久。心不甘情不愿地付出，耗尽自己电量的崩溃和不断累积的悲伤、恐惧和愤怒只会伤害到你和你爱的人。

最后，我们需要觉察一下自己是否无意识地扮演了伴侣的后妈或者后爸。这个模式相当有趣，照顾甚至养育伴侣会给缺爱的、低自我价值感的人带来巨大的优越感和成就感。但除非我们一辈子只享受这种养育的快感，不需要被关爱，不希望和对方一起成长，否则我们都需要以身作则地示范"自私"的艺术，支持自己和伴侣都成为一个拥有自爱能力和爱他能力的人。

你就是爱的源头，请爱护好爱的源头。

4.分手应该体面，离婚不必隐瞒

分手时不要落入三个陷阱

如果一段亲密关系既是我们物质生活的重要保障，又是心理需求的主要来源，分手的确会让我们感到天崩地裂，心如刀绞，痛不欲生。大家在分手过程中的各种生理反应、情绪感受和失控行为都是能够被接纳和理解的。

但无论如何，请做出爱自己的选择，不要落入这三个常见的陷阱，让分手成为另一个受苦轮回的开始。

> 第一个陷阱，因为恐惧失去，竭力挽回错的人或有毒的关系。
>
> 很多人在分手时清醒地意识到对方并不是一个成熟的、

拥有爱的能力的人，或者他们之间之所以会分手，也是因为在相处中已经出现了很多他们无法克服或无力解决的问题。然而对失去的恐惧让他们成为了爱的逃荒者，饥不择食。要知道在一个人生命状态最差的时候所做的任何决定，通常也是品质最差、毒性最大的选择。当生命状态恢复正常，你将能清楚地看见那个糟糕的决定无法匹配你的生命，而且你需要耗费更多的能量去解决由这个决定生发出来的更多问题。

第二个陷阱，用伤害自己的方式证明自己有多爱，多离不开对方。

这个策略有时非常奏效，特别是对方心地善良，而且对你依然有爱的情况下。我们清楚地知道这么做是为了让对方内疚从而改变局势，操控对方的生命决定。而且在我们还是孩子的时候，我们也许就已经非常擅长通过卖惨让父母屈服，从而达到我们的目的的行为。然而从心理层面，大家需要明白：当一个人对另一个人感觉到内疚的时候，其实他是更想逃离这个让他感觉内疚的人。而且，即使你成功地让对方就范了，对方总有一天能够觉察到这是一个以控制对方为目的的邪恶伎俩。那个时候，你将彻底失去对方的信任，对方将不再理会你任何自我伤害的行为，哪怕是真实的呼救。

第三个陷阱，在很短的时间里用另一段关系替代这一段关系。

本质上来说，这有点像一个人溺水了，还把另一个无辜的人一起拉下水。不论是出于惊恐需要安慰，还是为了证明自己有价值、有人爱，或是为要报复对方，让对方后悔一辈子，这些发心没有一个是吉祥而高贵的。凡人怕果，菩萨畏因。当我们在另一段亲密关系中种下恐惧的种子、利用的种子和报复的种子，这段关系未来必然经受恐怖、利用和报复的试探，甚至因此消亡。另一方面，因为我们并没有通过这次分手，学习到爱到底是什么的功课，或者真正提升了自己爱的能力，我们将在未来的关系中不断地遭遇苦难，不断地被命运拉回去，去完成未完的功课。

唯有疗愈自己，才能真正走出伤痛，唯有内在成长，才能真正地爱与被爱，创造幸福的关系。我知道你很痛很痛，希望这刻骨铭心的痛可以让你从过往一切的受苦中觉醒。

在挽回前思考这五个重要问题

很多人都是因为分手走上个人成长的道路；也有很多人因为

分离所引发的巨大恐惧和伤痛而急于想要挽回这段关系。是的,我们非常理解这些人的恐惧和伤痛,但我们更希望每个人能在挽回前认真思考这五个重要问题。

问题一:在你和伴侣的日常相处中,你们的总体情绪感受是积极的还是消极的?

问题二:你们是否在亲密关系中能够自由、真实、自在地做自己,并被对方接纳?

问题三:你们是否敢于把自己最自卑、最难堪、最羞耻、最痛苦、最软弱、最失败、最歇斯底里的一面呈现在对方面前,并感到安全?

问题四:你们是否拥有真正解决问题和矛盾的能力?而不是总是以一方或者双方的压抑和妥协逃避问题。

问题五:你们对于亲密关系是否真的有共同的目标和愿景?

试想一下，一段消耗彼此、缺乏接纳、没有安全感和信任、无法共同解决问题，而且没有清晰方向的亲密关系，就像一个病入膏肓的病人，即使经过ICU（Intenstive Care Unit，即重症加强护理病房）急救，保住了生命，也还是要面对非常糟糕的生命状态。

我们理解大家在分手过程中有多么的痛！这真的很不容易！与其挽回一段病入膏肓的关系，不如想想如何真正地带着自己和对方，真正地升级你们之间的关系。

带你走出分手的伤痛的三个建议

从个人成长和生命发展的角度来看，分手是能够给我们带来觉醒、疗愈和成长的，可以说，分手是最重要的心灵功课和蜕变契机之一。下面三个成长型建议，带你走出分手的伤痛，成为更好的自己。

首先，我们需要全然地释放在分手过程中出现的所有情绪。放下你的人设和所谓的坚强，就是像孩子一样，像动物一样，在一个安全的不被干扰的空间里，在不伤害别人的前提下，释放当下从心底和身体中涌起的一切情绪：想哭就放声大哭；愤怒就爆粗口，砸东西；悲愤至极可以在地上歇斯底里地打滚发疯。这是非常重要的自我疗愈和内在成长的过程，你将能够学会如何应对情绪的来和去，并在恢复正常后做出最爱自己，最有利于生命发展的选择。

接着,我们需要进行一次非常重要的内在探索,去发现和疗愈这次分手所折射的核心伤痛。分手之所以能给我们致命一击,让我们完全崩溃,是因为与伴侣的分手再次激发了父母或养育者在我们幼小的心灵中留下的四个核心创伤:内疚创伤、信任创伤、忽视创伤和遗弃创伤。只有通过科学和系统的治疗和康复,我们才能真正超越创伤型生命模式:我们将不再受困在分手和核心伤痛带给我们的无助和痛苦;更重要的是,我们将停止吸引不断伤害我们的人和事循环往复地出现在我们的生命中。

最后,请大家明白:疗愈一切的不是时间,而是我们的成长。不管你内心中有多缺爱,你有多想和那个人在一起,或者换一句话说,我们有多想通过或利用那个人来满足自己,当那个人要离开的时候,我们就会有多恐惧和无助。请记得你的人生意义不仅如此,你的生命本质伟大而壮阔。就从此刻开始练习爱自己吧!照顾好自己的健康,努力地让自己快乐,重建与家人和朋友的关系,在工作中发挥才华,创造价值,去体验和尝试前所未有的生活方式,去帮助他人或以自己的方式贡献世界。当你的生命得以无限的拓展,当你在与自己的关系里重新发现和成为爱,你终将成为一个幸福而圆满的人,也会衷心祝愿曾经带给你伤害或激励的所有人幸福。

如此,我们将经由分手,从生命的局限中觉醒,从过往的伤痛中解脱,打破循环受苦的轮回,开启充满爱和希望的人生。

快速走出分手伤痛的五个指标

分手是对我们生命发展水平的一次全面考验，而我们的生命发展水平，直接决定了分手到底给我们带来灾难性的致命打击，还是突破性的觉醒和成长。

一是核心伤痛已经疗愈。分手过程会直接触发人类的四个核心伤痛：内疚创伤、信任创伤、忽视创伤和遗弃创伤。如果生命过往的核心伤痛，特别是发生在孩子与父母之间的核心伤痛未被疗愈，那么新伤和旧痛会同时发作，将一个成年人瞬间打回惊恐、无助和崩溃的孩子的心灵原型。

二是有健康的核心关系圈。核心关系圈包含我们与自己、父母、伴侣、孩子和重要家人与朋友的关系。我们发现那些能较快速从分手中复原的人，大多能获得生命中最重要的人们的多元的情感支持。在爱的能量的不断支持下，他们会更容易明智地应对分手事件，快速疗愈分手的伤痛。

三是生活和情感相对独立。很难想象一个在生活上和情感上过度依赖对方的人，能在对方撤出后快速复原。也许你可以通过快速找到另一个宿主的方式重建你的生活，再次感到安全，但只有在生活和情感上相对独立的、拥有自爱能力的人才能安全地、自主地、平等地享受和创造关系。

四是生命发展的程度较全面。爱情或美好的亲密关系是每个人都渴望的，但是生命发展的蓝图则更加雄伟和壮丽。我们是否发现了自己的热情所在？我们是否找到了能发挥自身天赋，创造价值的事业？我们是否能忘我地投入到贡献他人与世界的使命中？生命发展越宏大，爱情伤痛越微小。

五是对生命有更多的探索和理解。即使没有分手，我们与爱的人也会面临其他类型的分离，比如死亡。我们如何理解死亡呢？我们如何面对爱人、父母的离开呢？分手某种程度上和死亡带给我们的心灵冲击相近，然而那些对生命有更多自主探索和理解的人会更容易接纳和超越生命中的这些所谓无常。

祝福所有正在经历分手的朋友能尽快从分手的暗夜中走出来，更祝愿大家能从分手中看清生命发展的方向，勇敢地走上觉醒与成长的道路。

亲密关系中的吸引与逃离

男人因女人的自信而被吸引，因女人的恐惧和焦虑而逃离。这是我们经常提醒女性朋友觉察的一句话，特别是对于一些迫切想要挽回一个男人或一段关系的女生们。同时，它也几乎描述了很大一部分亲密关系由欣欣向荣转为衰败凋零的过程。

我们邀请处在亲密关系中的女生们做一个简单的情感调查：此刻如果你是自信的，这段亲密关系的品质怎么样？男生对待你的方式是否健康？此刻如果你是恐惧和焦虑的，这段亲密关系的品质又怎么样？男生又以怎样的方式对待你呢？恐惧和焦虑所产生的依赖和控制也许能暂时拴住一个男人，维持一段关系，却因为核心的变质，这段关系无法保持生命力，更无法进一步发展。

这个核心就是女人的生命状态。女人代表着爱和内在力量，她们的能量主导的亲密关系和家庭，更是男人爱与内在能量的来源。当爱与内在力量转化为恐惧和焦虑，家庭和亲密关系必然会出现问题。这么说并不是要把责任更多地推给女生们，而是事实上作为生命的源头，女性的生命状态的确直接影响着男性伴侣和下一代的生命状态。如果有机会深入走近一个男人的生命过程，我们会发现无论是回避型的男性伴侣，还是自恋型的男性伴侣，又或者是爱无能的男性伴侣，其实普遍因为他们的内在缺失一份有爱、有力量的女性力量。可能是他们的妈妈未能给到的，或是未能从过往的女性伴侣那获得的。一旦女人开始恐惧和焦虑，它会触发男人原生家庭中的童年创伤和过往亲密关系中的情感挫败，使得男人愈发想要远离女人，逃离或切断一段关系。

所以，无论是我们的意识停留在我想要挽回一段关系，需要对方和我在一起的层面；还是上升到希望要更好地爱自己，爱对方，建立更好的亲密关系。我们都希望女生们能够意识到自身对于男生们甚至整个人类社会的重大意义和伟大价值。通过觉醒与成长，回到自信而充满吸引力的状态，成为爱与内在力量的本源。

如何正确地向孩子解释离婚

离婚对孩子的身心影响巨大，四个主要的影响包括：心理健康问题的风险，破坏性的行为问题，睡眠障碍问题和对学习成绩的影响。这使得如何向孩子解释离婚，成为父母在离婚过程中必须做的最有挑战性的事情之一。希望这部分内容可以给到正在面对这一挑战的大家一些正确的指引。

首先就是不等待，不隐瞒。等待只会让孩子和你更难受，你越早告诉孩子真实情况越好，你们也有更多时间来适应这一变动。很多父母倾向于隐瞒真实的情况，也许是出于保护孩子的意图，但是隐瞒所伴随的谎言会影响你们彼此的信任，也会潜移默化地告诉孩子你和他的关系是脆弱的，不足以一起面对重大的挑战。孩子在未来也倾向隐瞒失败和痛苦。

接下来就是选择适合的时间。如果你想和你的孩子讨论这个问题，你应该预留出足够的时间。不要在周中他们忙于学校和娱乐活动时讨论这个问题，而是尽量在周末或他们有时间冷静下来并有充分的时间释放情绪的时间和空间中进行。

然后就是怎样和孩子进行这次关键沟通了。最好的情况是，夫妇二人可以同时出现在孩子身边，公布这个消息。需要清晰地告诉孩子以下几个重要的事实：1. 澄清为什么你们会分手，确保他们明白分裂与他们绝对无关。告诉他们，这不会影响你或配偶深爱他们。2. 接下来你们的生活有哪些不会变，有哪些会改变。

你和配偶会如何协调照顾他们，为他们提供一个稳定、安全而有爱的生活环境。3. 这是你们最终的、不会改变的决定，不论孩子有多难过，以什么样的方式伤害自己，都不会改变这一决定。

再接下来就是接纳孩子的情绪，回答孩子的问题。孩子在这次对话中可能会有非常剧烈的情绪反应，这也会引起你或配偶的剧烈情绪，即使这样也千万不要阻止和压抑孩子情绪的表达，而更建议可以将孩子抱在怀里，和他们进行情绪上的共鸣。这是一个非常重要的疗愈过程。年纪大一些的孩子会提出一些问题，父母这个时候应该以一个团队的身份，直接和正面地回答孩子的问题。

最后，明确地告诉孩子这不是他的问题。也不要在孩子面前抱怨你的配偶。你们可以对孩子说："爸爸妈妈分开了也许是件好事。你的妈妈是一个好妈妈，你的爸爸也是一个好爸爸，只是我们相处不好。"为了孩子的心灵健康和对离婚的正确理解，这是他们需要被不断提醒的。

后面就是你和孩子共同走过这个过程，用高品质的陪伴给予孩子爱和信心，这是他们特别需要的。

三个方法解决婚姻中所有的问题

第一个方法：接纳。

很多人会抱怨对方没有以自己喜欢的方式爱自己。

每个人也只是基于自己的生命背景形成不同的爱的表达方式；还有很多人抱怨对方不愿意沟通，然而这可能就是对方从小抵御来自原生家庭语言攻击和操控的保护机制，或者是他们过往本来就缺失这样心灵沟通的经验。抱怨只会带来对抗和逃避，而接纳则充满了爱与智慧。我们慈悲地看到对方其实和我们一样，也是一个受伤的、需要帮助的、寻找爱的小孩；我们智慧地觉察到随着自己的成长，我们对爱，对其他人的认知会不断深入和拓展。接纳为你们的共同成长和接下来的第二个方法——改变——打开了大门。

第二个方法：改变。

我们没有见过哪个整天想着"为什么是我要改变？为什么不是他们先改变？"的人能够收获幸福的婚姻。你的改变不是屈从，更不意味着失败和低等。恰恰相反，你的主动成长是你能为自己、伴侣和整个家庭做的符合最高利益的选择。还有很多人抱有将伴侣改造成为自己满意的样子的幻想。那些因为这种改造工程而破裂或不再亲密的亲子关系就是前车之鉴。由外向内的是压力，由内向外的是成长。当你真的以身作则活出了幸福的模样，当你的生命能量远远高于对方的能量状态，并激发了对方对于爱和成为更好的人的内在意愿，对方自然会开始与你沟通，寻求建议,并愿意和你一起成长。

第三个方法:离开。

生命不是有待解决的问题,而是正在展开的奥秘和创造。也许你们之间的问题其实对各自来说并不是问题,也许最大的问题就是你们不适合以婚姻的形态相处。那么离开就是最好的解决方案。不再压抑自己,也不攻击对方。一个好的分离是你们能为彼此做的最有爱的决定。而且我们看到非常多经由分离的痛苦,加速彼此觉醒和成长的案例。如果真的是对方的问题,离开解决了你的问题,也是一次超越恐惧的成长;如果真的是你的问题,你会经由离开看清"如果自己不会游泳,换多少个游泳池都没有用"的事实。

如果我们把婚姻当作角斗场,我们只能收获筋疲力尽和遍体鳞伤;如果我们把婚姻当作一个课堂,我们将会收获疗愈、喜悦和成长。

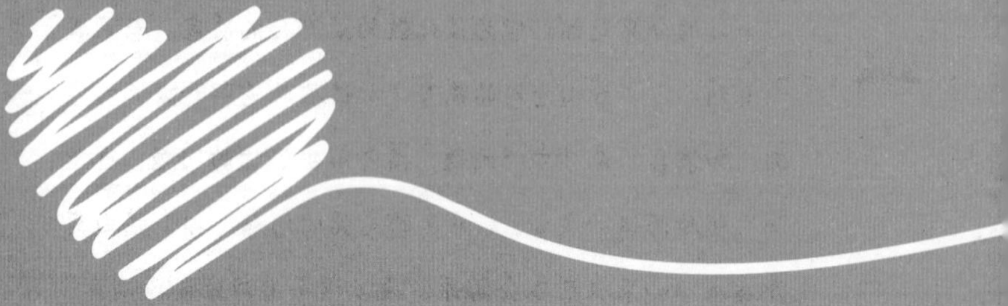

第四章

理解焦虑不安背后的根源

破坏关系的并不是你或伴侣,
而是你们的伤痛。

1. 幸福试探：相处中的九个挑战

幸福的试探

你有没有发现这样一个现象：在两个人相处非常愉快，感到非常幸福之后，马上就会发生不开心的事情或者争执起来。特别是两个人关系更进一步或度假旅行中……上一秒的幸福和下一秒的痛苦反差如此强烈，打得很多人措手不及，落荒而逃。你甚至给这段关系下一个判决：我们这么幸福，都还会发生这样的事情，这段关系没希望了！

久而久之，你会形成一些信念和对应的生命模式。比如，如果幸福总是伴随痛苦，那我宁愿不要幸福。或者，幸福又怎么样呢？到头来还不是痛苦！于是两个人走着走着，自我保护越来越多，慢慢开始疏远，逐渐形成敌对，最终关系破裂。

在很多人看来，这是对亲密关系最恶毒的诅咒。然而从成长的视角，我们更愿意把这种情况称为"幸福的试探"。它的确是两个人在亲密关系中最深刻的成长功课之一。

在"幸福的试探"中，幸福的意义是不断给两个人补充能量、勇气和信心，让彼此在亲密关系中感觉到更有安全感，更被爱，更被接纳、尊重、欣赏和支持。在这些能量的鼓舞下，亲密关系中的两个人会更想在对方面前展现真实的自己，更想释放过往被压抑的情绪，更想邀请对方和自己走进心中那个黑暗的地下室，一起面对更深层的恐惧。这个时候"试探"就发生了。假如能通过"试探"，两个人的关系会进入一个完全不同的层面；假如失败，两个人会再次验证"努力有什么用？还不是这样"的悲惨信念。

如果我们没有足够多超越冲突的经验，如果我们自己能量也很低，如果我们敏感且为受害者体质，特别是在上一秒你们还非常幸福的前提下，展现真实的自己会被定义为任性，释放被压抑的情绪会被定义为没事找事，一起面对更深层的恐惧会被定义为莫名其妙。一旦这些判断发生了，我们或者对方几乎马上就进入到攻击、逃避或关系冻结的本能反应中。

然而，这并不是幸福的用意，也不是亲密关系的目的，它们想让关系中的两个人可以扩展对彼此的认知，让彼此越来越可以真实地做自己；它们想让关系中的两个人可以通过安全的情绪释放，彼此疗愈，校对真相，解除以往堆积的误会；它们想让关系中的两个人真的可以一起面对他们的恐惧，这份宝贵的经历将极大提升个体的安全感，增进两人之间的信任，给彼此的生命带来非凡的成长。

"幸福的试探"的确是非常高深的成长功课，可以让任何准备不足的人瞬间崩溃。我想传授给你两个心法：一个是爱，一个是真相。当你怒不可遏，就要对对方发起狂风暴雨般的攻击时；当你胆战心惊，就要赶紧逃离自己或对方、远离伤害时，请想想：如果出于爱，你会怎么做？这次处理让你更靠近真相了吗？

因为爱与真相，真实不虚。愿更多生命能勇敢地在"幸福的试探"中彼此相爱，探索真相，共同成长。

亲密关系中的九个挑战

亲密关系是红尘中最好的修行，它是一面镜子，让我们照见内在的心灵创伤。以下九个亲密关系中的挑战，说明你仍处在心灵创伤中：

> 挑战一、你很难信任对方，非常害怕被对方拒绝或遗弃。
>
> 挑战二、总是觉得自己不够好，不配拥有，无法向对方提出要求或邀请。

挑战三、倾向压抑自己的需求，习惯于迎合和讨好对方。

挑战四、害怕和逃避冲突，息事宁人，或是倾向于攻击和控制对方。

挑战五、当关系更近一步的时候，感觉到焦虑和紧张，想要推开对方。

挑战六、边界感很弱，容易受到对方的贬低、虐待和攻击，比如家暴。

挑战七、总是吸引欺骗、贬低、忽视或虐待自己的人进入亲密关系。

挑战八、以完美的标准要求伴侣或亲密关系，如未达到预期会主动切断关系。

挑战九、难以相信幸福会持续下去，总因为担心情感破裂而无法享受亲密。

亲密关系是我们内在状态的显化。只有疗愈了内在的心灵创伤，我们才有可能超越这些挑战，建立和享受真正的亲密关系。

2. 四种本能的创伤应激反应

你会在亲密关系中频繁地感到紧张吗？当你感到紧张的时候，你的感觉或情绪会是怎样的？你又会马上做出什么反应，采取怎样的手段和行为，以快速帮助自己摆脱这种情况？

事实上，在这种情况下，我们正处于应激状态中。正如它的名称所描述的：这个时候，我们正在应对巨大的刺激。在应激状态下，我们的理性会被弹劾下台，四种本能性的应激反应会主导我们的行为，它们分别是攻击、逃避、压抑和讨好。

攻击最常见的表现为：语言上的攻击，简称吵架；肢体上的攻击，简称打架。还包括对其他的事物实施的攻击，比如摔砸东西，自我伤害等。总之，我们希望通过这些行为，停止对方带给自己的刺激。

逃避最常见的表现为：停止沟通，逃离现场，切段关系，情感隔离。

压抑最常见的表现为：忍气吞声，装聋作哑，大脑一片空白，处于一种假死的状态。

讨好最常见的表现为：马上求和，竭力讨好，赔礼道歉，短时间内过度满足对方，甚至让对方感觉爱又回来了，以达到停止刺激的目的。

频繁的应激反应，不仅大量消耗彼此的能量，更减少了我们用于相爱的精力，让我们迷失在伤害与报复的轮回中。而只有在轻松、安全和彼此信任的状态中，我们才有可能进入爱的状态。发现并抓住各自成长中的真正议题和超越亲密关系中真正挑战的机会。

攻击一：情绪威胁

你不知道那些总是生气、攻击别人的人有多可怜。如果你有和流浪动物接触的经验，你会遇到一些非常盲人的小动物，也会遇到一些非常有攻击性的小动物。那些总是生气、攻击别人的人有点类似于后者。他们不一定生性愤怒，而是命运给了他们太多的伤痛。

这些伤痛包括被攻击、被侵犯、被拒绝、被欺骗、不被尊重、不被信任等生命事件。此类生命事件出现越早，对生命个体的影响越深。

这些伤痛会引发害怕、羞耻、失望、不安、懊悔、沮丧、悲伤、孤独、嫉妒等情绪感受，这些情绪感受越强烈，对生命个体的伤害越大。

为了避免再次受到类似事件带来的身心伤害，他们会不断强化两种能力：一种是预警能力，让他们对外界的刺激愈发敏感。秉持"宁可错杀不能放过"的原则，一点风吹草动，都会让他们草木皆兵；另一种是攻击能力，分为常见的主动攻击，包括争吵、指责、报复、暴力、迫害甚至凶杀等，而容易被忽视的被动攻击包括抱怨、污蔑、不合作、自我伤害、自残甚至自杀。

更遗憾的是，因为形成了这样的生命模式，他们的生命能量被大量消耗在自我保护和攻击别人上，而更少用在自我关怀与身心疗愈这些真正能够帮助他们超越愤怒挑战的事情上。内在世界越不幸，他们越会对外在世界产生愤怒和敌意。他们既恐惧又愤怒；他们既攻击别人，又伤害自己；他们既可恨，又可怜；他们感到不被理解，别人又很难帮助他们。就像对待那些没有安全感的流浪小动物，我们只能把善意放在它们的洞口，祝福和等待它们觉醒，并勇敢地向前迈出一步。

攻击二：贬低和打压

总是打压别人，甚至 PUA、情绪虐待别人的人其实很可怜，即使他们是你的领导。

首先，这些领导也是被打压的受害者。家庭成长过程中或是职业发展过程中，他们很有可能被自己的父母或者他们的领导这样对待和培养。"我受的苦为什么你就不能受？"所以，他们也只是在用他们从其他生命那里学到的方式来对待你。

其次，这些领导可能正遭遇不公和不幸。成熟的领导能很好地转化外界给他们的压力和刺激，不会伤及无辜。但很多领导不具备这样的智慧和能力，在自身的生命能量很低的情况下，他们也只能通过转嫁痛苦的方式，让自己感觉好一些。

再次，这些领导内心自卑，且价值感低。我们有什么才能给出什么，我们没有办法给出自己没有的东西。因为自卑和价值感低，所以这些领导也只能把自卑和低价值感给到他们的下属。打压别人带来暂时的优越感，这也仅仅是自卑的补偿。

最后，这些领导也是缺爱的人。他们的生命中充满了标准和规则、比较和竞争、胜利和失败，而真正接受到的爱可能非常少，不论是从原生家庭、自组家庭还是职场社会。他们拼命打压自己和身边的你，也只是为了让自己生存下来。

这些受苦同样适用于打压你的父母，想想他们会不会也是被打压的受害者？他们是否遭遇了许多不公和不幸？他们是否内心自卑，且价值感低？他们是否缺爱，也很渴望被真正地爱？

请你用这些深层的洞见，重新了解你的领导或父母，你会看到狂暴的张牙舞爪下面，其实也是一个无名的、委屈的、悲伤的、恐惧的和缺爱的孩子。如果你能量更高，更有爱，更幸福，更成熟，你还会继续攻击他们，诅咒他们吗？你又会用怎样的方式对待他们呢？

攻击三：冷暴力

让我们回到最近一次和家人或伴侣的冷战事件中。在某一时刻，当我们的生命能量恢复了一些，我们也曾想过："算了，不要再冷战了，好好过日子吧。"然而一面对对方，特别是对方如果依然在冷战，我们马上就好像被一股能量控制，再次回到冷战状态中。

从心理学的视角，冷战是杀伤力最强的打击和报复行为，远超过肢体或语言的攻击。冷战中对方的无视，抹杀了你的存在感；对方的高傲，贬低着你的价值感；对方的冷漠，威胁着你的重要性；对方的洒脱，摧毁了你的安全感。

当存在感、价值感、重要性和安全感这些人类最核心的内心架构遭受攻击的时候，在恐惧、悲伤和愤怒的刺激下，我们回到冷战状态都算是比较轻的回应了。更严重的后果包括女性的精神崩溃，男性的自我伤害，关系的彻底破裂，甚至一方会伤害自己的生命以在心理上报复对方。

某种意义上，冷战和 PUA 没有本质的区别。即使有时候，我们觉得自己是在自我防卫，被动应战，我们依然是在用情绪虐待还击对方的情绪虐待，让彼此的亲密关系变成一场彻底的互相伤害。

如果还爱着对方，请不要冷战；如果不爱对方了，也不要冷战；两个人走不下去了，请不要用冷战来维持关系，特别是有孩子的婚姻和家庭，不要让孩子在这样有毒的环境中长大，他们只会成为这场战争的牺牲品和悲惨的心灵难民。

朋友，如果你爱自己，也爱这个世界，让我们一起成长，不断强大我们的内在，使我们免受伤害，用爱、智慧和力量将这个星球从人与人之间的互相伤害中解救出来。

伴侣经常使用冷暴力意味着什么？

为什么伴侣经常使用冷暴力也是一个出现频率比较高的问题？其实比冷暴力行为更值得关注的是其背后的动机。我们需要带领大家辨别一下四种不同动机的冷暴力。

最常见的一种冷暴力是一种委屈的表达。这种行为模式可能早在伴侣与父母的相处中就已经形成。伴侣内心非常委屈，却没有正向沟通的经验和能力。

第二种情况的冷暴力是一种情绪的报复。如果两个人在亲密关系中长期存在各种矛盾和挑战，而没有得到及时解决，长期压抑和累积的负面情绪就会以冷暴力——无视对方存在的行为展现。

第三种情况的冷暴力是一种情感的威胁。和动不动就提分手的人的动机相似，冷暴力其实是另一种形式的情感威胁。小时候，你有没有听你的父母说过，"你如果不怎么怎么样，我就不要你了，不爱你了"这样的话？其实对方是希望通过这样的情感威胁，逼迫你服从他们的意愿。

第四种情况的冷暴力是一种分离的暗示。可能对方已经爱上了别人，或做出了在这段亲密关系中不再继续投入关注和努力的决定。

无论如何，冷暴力都是一种不成熟、不健康且无法真正解决问题的行为方式。在辨识清楚其背后的动机后，我们需要有意识地和对方展开沟通，直面和解决关系中存在的真正问题。

轻松应对冷暴力的四个策略

遇到"宝宝心里苦，但是宝宝不说，宝宝会使用冷暴力"这个时候，我们能做的最好的回应就是主动地走近他们，鼓励他们表达心中的委屈和需求。我们需要明白，这就是对方的一个习惯，一种生命模式。相比简单地评判这种行为的对错，能够帮助伴侣正向、主动地表达自己的需求，这对你们来说都是一次宝贵的成长。

面对第二种情况的冷暴力，我们需要勇敢地直面问题，展开沟通，发现真相，着手解决这些长期破坏你们亲密关系的问题。长期的彼此冷战不仅不能真正解决问题，带来成长，反而会成为伴侣之间最具杀伤力的心灵伤害。

面对第三种情况的冷暴力，我们需要特别注意自己在面对这种情感威胁时是做出对抗行为（例如分手就分手，你不理我我也不理你等）还是逃避行为（例如马上求和，息事宁人，做出补偿和挽回）。这些都没能真正地让你们更进一步，了解和满足彼此的需求或接纳和疗愈彼此的伤痛，而更像是放弃治疗，或是给感染了的伤口贴一个创可贴。

面对第四种情况的冷暴力，请务必把关注和关爱收回到自己身上，做世界上最爱自己的人，成为自己幸福的第一责任人；而不是陷入与对方无休止的冷战当中。你可以不爱，但请不要互相伤害。放过别人，也是对自己慈悲。

逃避

"男人为什么总是逃避沟通？"这也是出现频率非常高的一个问题。能明白三个表层原因，你们将可以消除很多误会；能体悟三个深层原因，你们将有机会建立深层的理解和信任。

> 表层原因一：
> 每个生命个体都有自己独一无二的视角，女人看到的

问题，在男人看来，可能真的不是问题。如果女人安全感和价值感低，或是受害者体质，这种对于问题的认知错位就更加明显。女人怒不可遏，男人莫名其妙。

表层原因二：

男人普遍持有一个执念，就是解决问题，而沟通意味着多一个问题需要解决。复杂的现代生活让男女双方身心俱疲，男人有时回避沟通就只是因为其他问题已经耗尽了他们的能量。

表层原因三：

相比女人，男人是真的不太善于沟通和表达。一方面，他们不像女人就情感表达，有着丰富的生命经验；另一方面，家庭和社会的主流文化又要求男人要坚强，男儿有泪不能轻弹，这进一步抑制了男人的沟通能力。

深层原因一：

男人与母亲的互动模式影响他们与伴侣的沟通。未被母亲接纳和理解的男人会自动逃避沟通。走进亲密关系后，他们会把这种互动模式投射到你这个"后妈"身上，主观认定你也无法接纳和理解他，然后拒绝沟通。一些男人曾在亲密关系初期和女人敞开心扉，无话不谈，后来这种沟通似乎消失了，也是因为在相处过程中，男人可能敏感地觉察到不被接纳和理解后，拒绝了沟通。

深层原因二：

男人拒绝甚至对抗沟通，通常意味着你们的关系充满了伤痛，或已经破裂。在男人看来，沟通意味着又一轮的指责和评判，特别是与已经不再信任，甚至彼此已经伤害极深的人之间。也许女人鼓起了极大勇气，特别希望这次的沟通有所不同。但积重难返，男人依然活在过往沟通的痛苦记忆和对女人根深蒂固的评判中。

深层原因三：

和女人一样，男人也活在巨大的恐惧中，恐惧阻止了沟通。男人也有未疗愈的伤痛和未被满足的需求，他们恐惧自己因为不够好、不够优秀、不够强大而失去尊重和爱。而沟通带来暴露这些的风险。所以他们很多时候报喜不报忧，只能聊一些自己的优势话题或安全话题，比如工作和事业，而不敢和伴侣进行深入的、灵魂层面的对话。不是因为他们不爱你，而是因为他们的内心也很脆弱，很敏感。

消除沟通上的误解，建立深层的理解和信任。你现在就可以和伴侣就沟通的问题进行一次交流，并告诉对方：我看见你了，我更理解你了，希望下次沟通我们都可以做得更好。

越抱怨，越无法沟通

很多人都有与伴侣沟通困难的问题。我们理解大家极力想要改变这种局面或者解决这个问题的意愿，但如果大家不明白其背后的原因，非但不能对症改善，反而会把伴侣越推越远。

当我们抱怨伴侣不沟通，或者不会沟通的时候，对他们来说是一种暗示和指责，让他们觉得自己有问题，不能满足对方。特别是对于男性，这就像被不断地提醒他们某些方面功能低下一样，是非常难以接受的。紧张、恐惧和内疚会转化为愤怒，让他们更加拒绝沟通。

很多亲密关系累积了太多的矛盾和冲突，彼此已经形成了固化的认知。原本两个人之间的沟通就更多是指责、抱怨、攻击、说教和命令，当沟通变成某种情感攻击或者操控，伴侣之间逐渐失去了安全感和信任，反而成了最近身的敌人，自然无法进行沟通。

每个人基于不同的原生家庭和成长背景，形成不同的爱的表达方式。对方也许就是来自一个不太善于用语言表达爱，分享感受，却更愿意用行动来表达爱的家庭。当他们为你做了很多事，付出了很多，却依然被你抱怨不会沟通的时候，他们会因为不被接纳和理解而灰心。

其他的原因还包括：巨大的生活和工作压力、关系中的背叛和偏差、心灵伤痛导致的心灵关闭等。

沟通对于亲密关系，就像血液循环对于身体健康一样重要。停止抱怨和指责——因为这只会让你们的关系变得越来越糟；发现你们关系中的根本问题并一起找到解决的方法；不断提升自己爱的能力和沟通的能力，引导、启发和鼓励伴侣拓展爱的表达方式，才能让良好的沟通重新焕发亲密关系的活力。

第一个原因：

我们的自我价值感可能遭到了破坏，父母的挑剔和指责或情绪的频繁爆发，都可能让一个人在孩童时期就感觉到自己不好、不被接受、不值得被爱，长大后他也会在人际关系中感到自卑。

第二个原因：

我们习得并习惯了用讨好来维持关系。无论是出于恐惧，想要让对方满意以避免遗弃，还是出于爱，想要安慰对方，让对方开心——当讨好成为亲密关系中的一种习惯，我们会把这种习惯无意识带到任何关系中。

> 第三个原因：
>
> 我们的伴侣可能并不那么爱我们。真正爱你，且拥有爱的能力的人并不需要你的讨好，他们希望你幸福，甚至会因为你的讨好而感到心疼，但如果我们自我价值感低，又习惯了讨好他人，则通常会吸引那些不尊重或只是利用我们满足自己的人。

如果你也清楚地看到了情感中的这种模式，这就是一个成长的巨大契机。我们可以通过疗愈伤痛，重建自我价值感，学习和提升爱的能力，与真正爱我们的人建立一段彼此滋养，共同成长的亲密关系。

为什么付出很多却依然得不到爱？因为这种爱的交换本身就有问题。首先，对方以什么样的方式对待你，总体上是由他们的生命状态决定的。如果他们本身是心灵健康而成熟，且拥有爱自己和爱他人的能力，即使你没有付出那么多，他们依然会以自然的方式爱你。但如果对方有心灵创伤且心智未成熟，需要不断向外索取情感能量，且缺乏爱自己和爱他人的经验，即使你付出了全部或已经筋疲力尽，也不一定满足他们的需要，更别提他们以你期望的方式来爱你。

而且有的时候，我们的付出真的很自以为是，我们也只是习惯性地重复着过去形成的讨好或者拯救模式，希望从对方那里交换到我们想要的东西。我们真的知道对方需要什么吗？真的知道我们可以做些什么让对方真正感受到爱吗？就像你用再多的金币也无法种出一朵花，因为花需要的是土壤、水、阳光和空气。我们自以为付出了很多，却没有真正地爱对方。

停止这种爱的交换吧。只有你清楚自己想要怎样的爱，做这个世界上最爱自己的人，以最期待别人爱你的方式，勇敢地、实在地成长和爱自己。你会成为爱的源头，而不是爱的尽头。

分手的六种类型：

第一种：愤怒型分手

早期没有任何预兆，也许只是伴侣之间的一次争执，然后这场争执最后演化为一场充满敌意、相互攻击的战争。当其中一方的愤怒达到了极点，决定动用"核武器"，愤怒型分手就发生了。如果除这次冲突外的其他时间，两个人都相处得很好，并且有很多情感储蓄，挽回的可能会在80%以上。

第二种：异地型或长途型分手

起初伴侣之间的浓烈的情感能量，让两个人相信他们的爱可以超越一切。然而，爱也是一种能量。就像一部手机越远离基站，信号越来越弱一样，爱的能量也会在距离中渐渐损耗。除非两个人视彼此的亲密关系为信仰，否则生活的压力和彼此实际的情感需求会让挽回的可能低于50%。

第三种：移情或背叛型分手

伴侣中的一方或双方发生了移情或者背叛行为。这会直接触发被分手或遭遇背叛的一方最深层的耻辱感、恐惧感和愤怒感，让他彻底崩溃。虽然很多人相信移情或背叛只有一次或没有之间的区别，但实际上移情或背叛有偶然性、暂时性或习惯性的区别。如果两个人依然爱着对方，愿意一起探索背后的真相，挽回的可能会有30%。

第四种：惊讶型分手

在一方看来，分手来得特别突然，然而对另一方来说，分手是一个深思熟虑，或者是从失望到绝望的一个决定。非常多的亲密关系其实是假性的亲密关系。一方觉得很好啊，没问题啊，然而他们并未倾听、理解和真正在情感上给予对方滋养和支持。除非他们在对方提出分手的这一时刻觉醒，真正意识到爱是一个持续的过程，否则即使挽回，意义也并不大。

第五种：歇斯底里型分手

在分手期间和之后，这对伴侣以非常敌对和不尊重的方式争吵，谩骂和攻击对方，并想尽各种手段重伤和报复对方，双方成为你死我活、不共戴天的敌人。两个人把彼此最低的生命版本展现给对方，甚至要用关系紧紧扼住彼此的喉咙，无意识、无下限地把彼此拖拽入深渊。

第六种：相互型分手

虽然分离对每个人来说都不是一件容易的事，但一些伴侣还是能理性地评估这段亲密关系对彼此的影响和意义。在彼此信任和有爱的前提下，他们会做出对自己和对方都好的选择，那就是分手。并没有谁对谁错，谁爱谁更多一些，而就是愿意放手，成全彼此成就更幸福的生活。这种分手无需挽回，而是爱的体现。

非常多的人不知道如何走出分手的伤痛；也有非常多的人在分手时离群索居以疗愈自己，开始个人成长。无论你是对上一次分手的惨痛经历记忆犹新，还是正处在分手过程中，经历着人生的至暗时刻，或是预感到关系已经破裂，即将要面临分手的抉择，我们想通过这节内容，牵着你的手去看清分手到底是怎么回事，从而能更好地处理分手，甚至在分手中完成一次生命的蜕变。

人类最大的心理恐惧莫过于分离，从某种程度来讲，分手所带来的分离恐惧接近死亡。这也是为什么我们在分手时会感到痛不欲生，觉得整个世界崩塌了，认为生命从此失去了意义。

在分离的过程中，分手的外界刺激和我们内在的核心伤痛里应外合，给我们的内心带来致命一击。如果因为我们的过失或对方让我们觉得是我们的过失导致了分手，我们称之为内疚型分手，它会再次印证我不够好的生命信念。如果因为被欺骗、被劈腿、被出轨而分手，我们称之为欺骗型分手，它会再次摧毁我们的安全感，让我们不再相信爱情，不再信任别人。如果在亲密关系中一直没能得到足够的关注和尊重而被迫分手，我们称之为忽视型分手，它会再次贬低我们的自尊和重要性。如果在分手时有非常强烈的被抛弃感，我们称之为遗弃型分手，它会再次切断我们最重要的连接感，让我们感到被整个世界抛弃。

当这些类型的分手发生时，我们的内心其实进行着一场时空穿梭，我们被瞬间带回到当我们还是一个孤独的、弱小的、无助的孩子的时候，我们被父母或者养育者评判、欺骗、忽视和遗弃的创伤场景中。

我们的核心伤痛有多痛，分手带给我们的伤害就有多大；我们的生命能量越低，分手带给我们的影响就越持久。即使有时，我们自己都很清楚对方并不是对的人，或者这段关系其实是一段在不断消耗自己的关系，分手是一个明智的选择，但因为核心伤痛被触发，我们依然会陷入崩溃和巨大恐惧，并在其中无法自拔。

所有的这些感受都是正常的，合理的，被理解的和被接纳的。只有疗愈核心伤痛，我们才有能力处理好一次分手，自主地管理我们的亲密关系；只有不断地成长和提升自己，我们才能优化自己的生命状态，和另一个人一起创造更好的亲密关系。

当伴侣对你说："你值得更好的人"，这是亲密关系中一个特别重要的信号，他们会出于什么心理动机这么说？他们又到底想要表达或暗示什么？以下是这个信号所传递的六种可能，如果我们遇到最后一种可能，你将开启一段非常美好的关系。

> 第一种可能，非常普遍的，这是一种自卑的表达。伴侣认为自己不够好，配不上你，或者他们在现实层面的一些实际情况并不尽如人意，无法满足你的需求，给不到你想要的生活。

第二种可能，他们对亲密关系没有安全感和信心，无法深入关系或确定未来。对于在过往亲密关系中受过伤或遭遇失败的人来说，他们对亲密关系没有信心，也无法做出长期的承诺。

第三种可能，他们会想测试你对他们的爱。虽然不像"有一天，如果你遇到更好的人，你会不会离开我"那般直白，但其实伴侣是希望通过你回应这句话的方式，来检测你是否依然爱他们。

第四种可能，他们知道可能会伤害你，或者已经做了伤害你的事。这既可能是他们评估了过往亲密关系中互动模式后发出的善意的提醒，也可能是他们实际做了利用你、伤害你的事情后的隐形道歉和建议。

第五种可能，他们想要结束这段关系了。这是他们告别的一种方式，你很棒但是他们不想和你持续这段亲密关系了，又或者他们有了其他的想法和选择。他们想要暗示你主动地离开这段关系。

最后一种可能，他们真的很爱你，或被你的爱激发，于是升起巨大的意愿和发心，渴望成为一个更好的人，为你们之间的关系和幸福而努力。"你值得更好的人"这就是他们爱的宣言。

出轨心理学

从理性的视角来看，出轨或争议性行为都属于应对亲密关系挑战的偏差行为。

心理学揭示六种出轨的高危人群。

一、被父母或伴侣的爱吞没的人。无论是出于过度关注，还是过度依恋，过度的爱都会吞没一个人，让他感觉到窒息。有这样感受的人时常感觉胸闷或常做被淹死的梦。部分人会通过出轨或争议性行为来"寻求自由和喘息空间"。

二、被父母或伴侣严格要求的人。即使出于希望他变得更好的初衷，严格的要求都可能演变为过度的控制。

这种控制会压抑一个人的自主性和成长空间，让他感觉无法独立。部分人会通过出轨或争议性行为"来宣誓独立和生命主权"。

三、对父母和伴侣充满愤怒的人。情绪是潜意识的表达，愤怒则意味着受伤的生命体验和对方是迫害者的信念。当这些生命体验无法被释怀，对方是迫害者的信念无法被转化，愤怒的情绪就会持续累积。部分人会通过出轨或争议性行为对亲密关系进行毁灭性的打击和报复。

四、怀疑父母和伴侣是否爱自己的人。很遗憾，在这个星球上，无条件的爱对于很多人来说依然是一个传说。更多的爱附带着各种各样的条件和要求。人们会疑惑对方爱的只是自己满足或有利于对方的部分，而不是爱真实完整的自己。部分人类会通过出轨或争议性行为进行真爱测试。

五、长期处于压力下的人。出轨或争议性行为所带来的危险和刺激的确可以使人兴奋；快感和慰藉能够暂时缓解这种压力。而且生物学家还发现，一个物种在生存压力下，会试图通过增加基因的多样性、繁殖频率和数量来保证物种的延续。

> 六、担心不被接纳，长期维持某种人设的人。比如明星，公众人物，大家眼中的好先生、好太太、好孩子等。一方面他们享受着这个人设带给他们的好处，另一方面，他们深深恐惧当自己展露完整的真我时，家庭和社会会将他们遗弃。于是部分人类会通过出轨或争议性行为在一个相对陌生或看起来更接纳自己的人面前展露真我。

以目前家庭和社会道德与文化标准，评判和惩罚出轨或争议性行为相对容易。但越是能接近行为背后的动机和需求，我们越能发现修正或超越这一问题的真正方法。

面对伴侣的出轨，不原谅或原谅可能都是错的。

伴侣在亲密关系中的不忠或出轨，的确会给你带来灾难性的心灵冲击，但无论你选择不原谅或是原谅，都希望你能更加了解其背后的真相。否则，你不仅很难应对和处理亲密关系中的实质问题，更难做出清晰、正确和发自爱的选择。

人们在亲密关系中不忠和出轨的主要原因包括：

1. 伴侣内在自卑或安全感低。一些自卑的人会通过不断的征服异性来彰显自己的魅力，而安全感低的人会倾向通过找到更多"备胎"，让自己感到安全。

2. 伴侣在关系中未被满足。人类在亲密关系中不仅渴望肉体的亲密，也渴望心灵的抚慰和滋养，当这些需求无法被满足时，不忠或出轨就很容易出现。

3. 伴侣基于愤怒的报复行为。太多的亲密关系中压抑了非常多的情绪和未被真正化解的矛盾和冲突，没有什么比不忠或出轨更能打击和报复对方了。

4. 伴侣对亲密关系的认知。不忠和出轨方对亲密关系可能有着与另一方不同的认知，比如"和之则来，不合则散"，或倾向短期、不固定、多元的开放关系等。

其他原因还包括：伴侣的性需求更旺盛、更多样；伴侣就是爱上别人了；特定环境与场景下的偶发事件等等。

如果认定自己就是一个受害者，你当然有权立刻做出切断关系的选择，及时止损；但如果我们希望成为一个成长者，或者依然爱着对方，相比纠结的原谅，我们也更应该勇敢地探索真相，直面和解决亲密关系中的真正问题，发现、矫正和满足彼此的真实需求和意愿。如此，我们不仅能作出一个更好的决定，更在整个过程中，完成一次非凡的成长。

3. 伤痛引发的心灵内战

童年创伤基本决定了我们亲密关系的底色和对于生命和世界的信念。

这样的伤痛就来自亲密关系,我们又怎么敢再次靠近亲密关系呢?我们说的"亲密关系"不是伴侣这个概念或者是法律承认的婚姻,而是真的敞开心扉、彼此信任的关系。

如果你发现了自己恐惧的来源,你是否敢于走向你的父母或实际养育者去核实一下当时的真相?如果他们意识到自己当时给你带来的伤害,你是否愿意给他们提供一个机会说出积压多年的对不起;如果他们确实是无心,也没有意识到给你带来的伤害,你是否能够放下这个背负多年的包袱,勇敢地走进亲密关系?

如果你明白了他人恐惧的原因,你是否能带着爱和力量,勇敢地走近你的伴侣、父母、孩子和朋友,了解他们的恐惧,陪伴和支持他们走出童年创伤带给他们的恐惧?一些生命只能被特定的生命碰触，也许你就是他们生命中第一个将他们从一个恐惧中释放出来的人。

走出恐惧，才能走进亲密。

五种普遍的心理伤痛如何破坏关系

我们是否相信自己是足够好的，是值得被爱，配得上幸福的？

我们是否能在和他人的相处中自在、真实而有安全感，而不是总是胡思乱想？

我们的心是否依然是敞开的？情感是否依然是流动的？是否需要逞强来证明自己不需要任何人？

我们是否被尊重且被给予独立的空间，不必担心进入亲密关系便失去了自我和自由？

我们是否能享受相聚，也能在分离时关爱自己？我们是否能成熟地面对分离，不再担心自己被遗弃？

以上五组描述，对应着五种普遍的心理伤痛。如果我们的回答是否定的，则意味着这些伤痛正影响着我们。

有内疚创伤的人，容易压抑自己，去讨好别人；又因为自我价值感低，敏感而脆弱的他们，总是容易在与他人的互动中成为受害者，遭受心理伤害。

有信任创伤的人，极度没有安全感，也不再信任其他人。他们常常把人和事往糟糕了想，非常容易猜忌和控制他人，也特别容易切段或者逃离关系，伴侣会被他们弄到筋疲力尽。关键是他们也只是感到片刻安全。

有忽视创伤的人，通常表现得独立又自信，但是内心深处脆弱又孤独。他们可以理性地处理问题，却不能感性地同理别人的感受。他们关闭了心门，隔绝了情感却又会因为压抑了太多情绪，以至于爆发和崩溃起来比谁都严重。

有吞没创伤的人，曾经被爱吞没、控制和绑架过。爱对他们来说变成了负担，是风险、洪水、枷锁和牢笼。他们发誓不要再被爱伤害了。岂不知他所感知的爱是不健康的爱，他的逃离和隔绝，扼杀了体验健康的爱的机会，也深深地伤害了真正爱他们的人的心。

有遗弃创伤的人因从小被动地和父母分离，感觉就像被全世界抛弃。这种恐惧和死亡的恐惧相近，于是他们在亲密关系里紧紧抓住伴侣。为了阻止伴侣离开，他们会大吵大闹。甚至为了让伴侣不离开他们，忍受对方的情感剥削或虐待。

破坏亲密关系的并不是你或伴侣，而是你们的伤痛。智慧而勇敢地和伴侣从伤痛里走出来吧！你们都值得更幸福地生活！

十三个底层的情感障碍：明明相爱却相处不好

原生家庭的互动方式，极大塑造了孩子的个性和其在亲密关系中的互动模式。很多人明明爱着伴侣，却就是相处不好，导致非常多的痛苦和分离。

进一步理解自己和伴侣因各自父母的教养方式而产生的十三个情感障碍：

一、总是评判孩子的母亲会导致子女有非常多的自我评判。

二、总是拒绝孩子的母亲会导致子女觉得自己不值得。

三、愤怒却压抑自己的母亲会导致子女懦弱，缺乏自信。

四、情绪经常失控的母亲会导致子女隔绝情绪或无法表达情绪。

五、异常依赖的母亲会导致子女自我边界感弱，无法保护自己。

六、极端控制的母亲会导致子女做出叛逆的选择。

七、悲观和不幸的母亲会导致子女做出自我惩罚或破坏的行为。

八、总是拒绝孩子的母亲会导致子女总是想取悦和满足别人。

九、对孩子缺乏关爱的父亲会导致子女总是寻求情感,比如喜欢搞暧昧。

十、怒无常的父亲会导致子女易招致混乱的感情或遭遇。

十一、情感忽视的父亲会导致子女变现出冷淡和疏离。

十二、总是缺席的父亲会导致子女特别容易在情感上过度依赖。

十三、愤怒暴力的父亲会导致子女总是担心受伤害,恐惧权威。

你是否在这些情感障碍中看到了自己或伴侣的影子呢?如果你们真心相爱,希望你们之间可以多一些理解和支持,携手并肩,共同超越这些情感障碍。

毁一个人很容易,只要说这八种话

对于孩子来说,父母就是他们的世界。父母对他们说的话,如神的旨意般进入孩子的潜意识,影响和编排着他们的命运。以下是人们反映最多,日常最为普遍,且对孩子心灵毒害巨大的八种话。

一、孩子是负担的话

"养你好累啊""你花了我太多的钱""照顾你太难了"这些把孩子当成负担的话会让孩子觉得愧疚,他们会隐藏自己的需求、情感和遇到的问题,竭力去讨好别人。

二、欺骗孩子的话

常见的是"如果你怎样,我就怎样",但是并没有信守承诺。欺骗孩子的话会破坏孩子与父母之间的信任。如果父母都这样,孩子未来很难信任别人。

三、总是拿孩子和其他人比较的话

"你为什么不像你姐姐或哥哥""你看看谁谁家的孩子""谁谁谁都比你好"这些拿孩子和其他人比较的话会伤害孩子的自信,并导致他们在未来与兄弟姐妹或朋友同事的相处中容易产生隔阂、嫉妒和怨恨。

四、贬低孩子外表的话

"你好丑""你好胖""你好矮",这些贬低孩子外表的话会引发孩子对身体的不安全感和对自身形象的担忧,甚至导致饮食失调等严重的情绪问题。

五、挑剔孩子行为的话

"你为什么那样说话、吃饭、走路"这些挑剔孩子行为的话会让孩子认为自己真的有问题。因为担心别人嘲笑他们，他们很难在别人面前做自己。

六、辱骂孩子的话

"你怎么这么蠢""你真没用""你什么都做不好"，这些辱骂孩子的话会摧毁孩子的自尊，让孩子不再敢于尝试或接受挑战，甚至开始自暴自弃。

七、威胁放弃孩子的话

"你一个人在这吧""我不要你""你再也找不到我了"，这些威胁放弃孩子的话会瓦解孩子的安全感，因为害怕爱的人会离开他们，他们很难建立长期的亲密关系。

八、否定孩子存在的话

"我好后悔生了你""我真希望你是个男孩（或女孩）"，这些否定孩子存在的话会摧毁孩子的身份认同，让他们觉得自己不配活在这个世界上，导致长期抑郁、自残甚至自杀。

4. 创伤如何破坏亲密关系

外在越优秀，内心却越孤独而恐惧

我们的周围生活着这样一类人：他们面容精致、谈吐得体、穿戴讲究，工作能力强，生活方式高档，出身优越，伴侣也很般配，妥妥的一个人生赢家。然而如果你有机会走近他们，感受他们身上的能量，你会觉察到一丝孤独、恐惧和悲伤。或许，我们也是这类人中的一员，对此感同身受。

下面让我们一起探索为什么会出现这种分裂的生命状态，以及如何化解。

我们发现这些人大多来自家教严格，望子女成龙凤，或是被父母持续打压的家庭。希望孩子成功和幸福本没有错，然而一旦父母的要求和期望超越了对孩子的爱，也就是违背了我们常说的接纳、尊重、欣赏和支持这四个核心原则，孩子内在被填满的便不再是爱，而是巨大的恐惧。他们恐惧自己不够好；恐惧不能达成父母的期望；恐惧不满足社会的标准；更恐惧因此不再被爱，甚至被整个世界抛弃。

在巨大恐惧的驱动下，这些孩子极有可能在现实社会里取得优于常人的成就；然而另一方面，他们会陷入一生都在忙于证明自己，获得他人认可的诅咒当中。他们渐渐地不再能感知和相信真爱的存在，生而为人的荣耀也被贬低和物化，压缩成了狭隘的、现实的评判标准。生活变得更像是一场场竞争和交易，却远离了创造与分享、成长与贡献的本质。

在这样的世界里，那些所谓的胜利者和人生赢家，内心中反而更像一个孤儿，在冰冷的世界中游荡；那些看起来很优秀、很幸福的人，内在却依然为恐惧而挣扎，害怕有一天自己因为不再有价值而全盘皆输。更遗憾的是，还有大量内在缺爱的人，缺乏幸福能力的人，正在以他们为目标和榜样，前仆后继地成为一个个看起来很优秀、很成功，却不一定真正幸福的人。

内在的问题无法通过外在的方法来解决。我们虽然不能改变过去爱的缺失，却可以以身作则开启爱的觉醒，去探索爱，学习爱，践行爱，并最终成为爱。当一个个孤独和恐惧的内在世界被爱填满，整个世界也将迎来觉醒的曙光。

已经很努力了，却依然抑郁焦虑不开心

在现代社会中，大家需要解决的一个普遍问题是：已经很努力地让自己开心了，为什么就是开心不起来，依然抑郁和焦虑呢？

原因是我们努力的方向可能出现了根本性的错误。生活的改善，亲密关系的幸福，事业的成功，财富的自由和社会的认可的确会让我们感到开心，然而，如果我们从来没有意识和释放积压在我们身体里5年、10年、20年、30年甚至50年、60年的不开心的、负面的情绪能量，所有这些相对短暂的、间歇性的开心，最多只能算是对内在负面情绪能量的一种补偿。

一些人因为被攻击、被虐待、被控制、不被尊重或没有被公平地对待而充满愤怒的能量；一些人因为被恐吓、被贬低、被拒绝、被打压、被欺骗、被分离或遗弃而充满恐惧的能量；一些人因为被忽视、不被理解、不被接纳、被错怪、没有感觉到被爱而充满悲伤的能量；一些人因为不能满足自己，甚至伤害自己或不能满足他人，甚至伤害他人而充满内疚的能量；一些人其实认为自己的存在就是一个错误，或者因为被性侵等重大创伤而充满羞耻的能量。

非常遗憾的是，一方面，这些伤痛和负面情绪能量多来自我们的父母和家人，我们通常无法在当时就通过打回去或逃出来将这些能量释放掉，只能默默地将它们压抑和冻结在身体里；另一

方面，一些所谓专家的某些错误的观念，比如发脾气是不好的，情绪稳定才是成熟的标志等等，让我们在成年后，不仅没能释放和转化这些负面情绪，反而将越来越多的情绪能量压抑和冻结在身体里。

太多人活得就好像福岛核电站一样，为了防止负面情绪的核泄漏，每天要用尽全力地压抑这些情绪能量，就像建筑在外层的水泥外壳，来保持所谓的情绪稳定和关系中的和谐。但我们都清楚，妥善地处理掉里面的核废料才是唯一的、真正的解决方法。当伤痛被疗愈了，我们才能真正地开心起来，当负面情绪能量被释放了，我们才能重拾生命的力量。

不断内耗的心灵内战

近期，一个朋友的案例让我印象深刻：他是一位知名的企业家，多年的打拼让他的企业在行业中处于领先地位。然而最近，他突然失去了前进的动力，陷入了迷茫和无力的状态中。他说，两个声音每天在他脑子里吵架，一个说前进！一个说我不！而且似乎后者的势力正在日益壮大……

另一位朋友也在经历着心中的内战，在与母亲重建关系的事项上举步维艰。她特别希望能重新走近她的妈妈，重建和妈妈的对话，她说："如果有一天能抱抱我妈，我会幸福死的。"然而不管她在回家前做了怎样的心理建设，只要一进家门，一面对她妈妈，她整个身体就像被一股能量控制住了一样，不听大脑的差遣了。

你的内心是否经常听到两个声音，而且总是吵个不停？

你脑子里是否非常清楚自己要什么，但身体却就是不配合你？

你是否总是兴奋地立下各种目标，走着走着却颓废了下来？

你是否读了很多书，道理看似都懂，却无法真正地过好一生？

这些都是心灵内战的显化。而冲突的双方就是你的意识与潜意识，一个拥有觉醒的智慧，一个代表惯性的力量。

在过往的生命发展中，如果我们的意识和潜意识是同步成长的，那么大多数情况下，我们的内在会是和谐、喜悦和合一的。然而如果在某个阶段，你的潜意识被创伤事件、限制性信念和对未知的恐惧抓住并关进了地牢，那么意识与潜意识的分歧就会越来越大。你的意识化身为一个成年人，他想要奔赴星辰大海，而你的潜意识却化身为一个被困在地牢里孤独而无助、悲伤而愤怒的内在小孩。

在意识与潜意识的冲突对抗中，意识阵营里的理性思维、批判思维、意志和短期记忆，完全不是潜意识阵营里直觉、想象力、信念、价值观、习惯、保护机制、情绪和长期记忆的对手。

这就好比你看了一本书，觉得很有道理；你反思过往的行为，暂时记住了书中的做法；你雄心勃勃地去找伴侣，想要和他进行一次非暴力沟通。然而一来到伴侣面前，意识与潜意识开始真正交战那一刻，你马上又被某种能量控制了，你要么怂了逃了，要么再一次被对方的情绪带偏，暴怒了起来。

又比如你又看了一本书，觉得很有道理；你反思过往的行为，暂时记住了书中的做法；你雄心勃勃地制订各种计划，想要运用成长性思维，全面升级你的人生。然而当核心伤痛被触发，冲突和挑战再次袭来，生命能量不断下降的时候，潜意识中受害者的身份，恐惧和愤怒的情绪，认为自己不够好、不值得的信念，以及自我保护的各种破坏性模式会再次夺回你生命的主权，让命运的洪流将你吞没。

不管是想疗愈自己，让内在小孩重获力量，还是想帮助家人，走出破坏性的生命轮回，请明白我们面对的对手是自己或对方几年几十年以来的潜意识和对应的生命模式。能够智慧地觉察、勇敢地面对这些潜意识及与此对应的生命模式已经非常难能可贵了。性格决定命运，知识并不能改变性格，但当你选择真正的成长，带着自己躬身入局，不断修炼技能，积累宝贵经验，并在此过程中持续提升自己的生命能量，你的意识与潜意识将会重新合一，合力改写你和家人的命运。

5. 越恐惧什么，越会在恋爱中遇到什么

你会相信一些人习惯通过恋爱伤害自己吗？这听起来让人难以置信，却实在地在非常多的恋爱中发生。

越是自我价值感低的人，越会遇到让他们感到羞耻的人和事；越是没有安全感的人，越会遇到可能伤害他们的人和事；越是渴望被关注的人，越会遇到不尊重、不欣赏他们的人；越是渴望做自己的人，越会遇到想要操控和依赖他们的人；越是害怕被遗弃的人，越会遇到动不动就扬言要遗弃他们的人。

为什么越恐惧什么越会在恋爱中遇到什么？

这些剧情在一些人的亲密关系中循环上演，以至于让这些人相信这就是"命"。其实这并不是这些人的宿命，而是因为你还未觉醒和成长，依然被困在由伤痛主导的生命模式里。虽然我们在头脑中、在意识的层面，比谁都清楚、都渴望找到一个善良而有爱的人，却因为我们的记忆中、在潜意识的层面装满了太多过

去被嫌弃、被欺骗、被伤害、被忽视、被吞没、被分离或被遗弃的伤痛，导致我们成为了一块吸引伤害的磁铁。我们越是恐惧什么，说明这个伤痛对我们的影响越大，它越是散发着主导的、决定性的能量和吸引力，就越会吸引可以继续喂养它的人和事来到我们的生命中。

当我们的生命被五种核心的心灵创伤——内疚创伤、信任创伤、忽视创伤、吞没创伤和遗弃创伤主导，我们就会无意识地通过再次遭遇这些创伤来强化它们。当我们能有意识地、勇敢地、真正地成长，超越这五种心灵创伤，拿回人生的主控权，由内而外散发正能量、喜悦与幸福的吸引力，你会发现你遇到的人并和他创造的亲密关系会发生本质的转变。

这个世界需要更多幸福的你和更多真正有爱的亲密关系。如果你准备好了，欢迎加入我们，开启充满觉醒与成长的第二人生。

容易找到像父母一样的伴侣

如果一个女孩子未曾从父母那里得到过尊重和欣赏，长大后会非常容易在亲密关系中遇到像父母一样不尊重和不欣赏她的伴侣；如果一个男孩子感受到更多的是父母的控制和要求，长大后会特别容易在亲密关系中遇到像父母一样总是控制和要求他的伴侣。类似的情况非常常见。一般有过几次亲密关系经验的人都会清晰地看到这样一次次的轮回：不断地遇到和父母相同类型的伴侣，不断地被伴侣以与父母类似的方式对待，甚至不断地被利用、虐待、欺骗和抛弃。

我们把这种在亲密关系中不断重演的剧本称为生命模式。这种融合了我们的内在身份、信念、记忆、情绪和行为的潜意识能量是如此强大，以至于虽然人人都希望自己能够幸福，但在一个人真正觉醒和成长前，他们通常只会生活在这种自动驾驶般的模式里。

如果你已经意识和看到这样一个模式对你生命的控制，不仅仅在亲密关系中，而是在生命发展的各个方面，这意味着你已经开始觉醒。而成长则包含：主动地、勇敢地疗愈核心伤痛，学习和修炼新的生命模式，甚至在未来把新的、健康的生命模式传递或贡献给你的下一代和身边的其他人。

有人从自卑的妻子成长为一个被爱、被尊重的女主人，有人从不断地逃离亲密关系成长为一个享受亲密关系的好伴侣。当我们开始真正地爱自己，而不是继续无意识地虐待自己，主动改写和优化自己的生命模式，我们的人生将焕然一新。

受害者、拯救者、迫害者和成长者

在当前的亲密关系中，你是那个受害者吗？你的伴侣也许是个迫害者，他们忽视你的需求，甚至欺骗、攻击或者虐待你；又或者你的伴侣是一个拯救者，他们以占有和控制的方式改造你，那种为你好的爱，让你感到被吞没和窒息。

在当前的亲密关系中，你是那个拯救者吗？你的伴侣也许是个迫害者，你忍辱负重，以德还怨，以圣母或天使的姿态想要感化伴侣；又或者你的伴侣是一个受害者，你觉得非常委屈，你发现越是对对方好，对方似乎越想逃离。

在当前的亲密关系中，你是那个迫害者吗？你的伴侣也许是个受害者，他们的软弱和纵容激发了你伤害和虐待他们的行为；又或者你的伴侣是一个拯救者，你理所当然地享受着对方为你付出的一切，甚至还可以对他们发泄情绪。

一些人已经在受害者体质的受害者、圣母型人格的拯救者，或是暴怒自私的迫害者这三个角色中轮回了几次，他们清楚地看见这三个角色所创造的爱情其实都是悲剧，只有我们和伴侣从中觉醒，成为勇于面对问题，探索真相，并不断提升爱的能力的成长者时，我们的亲密关系和生命发展才真正地迎来曙光。

6. 四种依恋类型人格的相爱相杀

焦虑型依恋自助指南

如果我们过度关注和依赖一段亲密关系，不断寻求伴侣的陪伴、连接、关注和保证，却总是感觉被伴侣忽视和疏离，经常担心伴侣欺骗或离开我们。在关系出现潜在风险时，就会做出威胁、嫉妒、暴怒、切断关系的激烈反应。那么大概率上我们属于焦虑型依恋。

与其说焦虑型依恋是一种依恋风格，不如说焦虑型依恋是一种情感障碍，它是焦虑症状在亲密关系中的集中爆发。这也是为什么一些人会说，其实我在事业或生活的其他方面都不会紧张，一旦进入亲密关系，就会莫名地焦虑起来。

这种焦虑症状最早起源于一个孩子在生命早期无法从父母或养育者那里得到爱，甚至遭遇忽视、否定、攻击、虐待、被遗弃等创伤。这极大塑造了孩子日后与其他人的互动模式，特别是在亲密关系中与伴侣的互动模式。而且更戏剧性的是，我们越是焦虑就越容易吸引回避型的伴侣，不断上演相爱相杀的情感轮回。

首先，如果我们真的遇到了回避型伴侣，在感情中持续遭遇忽视、否定、攻击、虐待、被遗弃等伤害，我们需要有勇气在沟通无果的情况下离开这段关系。

其次，我们需要提升自我陪伴和自我关怀的能力，比如在遭遇焦虑情绪的时候能够更有效地应对，冥想、听音乐、有氧运动、正念练习，与家人和朋友联系、使用精油或享受SPA（水疗）等等，这些都是很好的能帮助缓解焦虑的方法。

最后，如果你想要根本性地疗愈这种情感焦虑，那么你还是需要一个系统性的身心疗愈和成长。如果你有幸遇到一位安全型的、拥有爱的能力的伴侣，他们会是很好的疗愈师和教练，可以带领你成长。如果遇不到一个理想的伴侣，你也可以自己开启一段成长的旅程，当然，最好是在专业导师的指导下，这是最深刻的自爱，从寻求爱的满足，到成为爱本身的过程。

焦虑型伴侣如何得到想要的东西，特别是情感需求的满足呢？当被问到这个问题的时候，也许你是一脸茫然的。但事实上，你需要了解他们的四大撒手锏。

第一大撒手锏：我们化身为惩罚者，惩罚方式通过包括分手、家暴、情绪爆发、和别人暧昧、撤回财务支持或其他资源和帮助的方式，恐吓、威胁和控制伴侣，以这些惩罚方式来满足自己。

第二大撒手锏：我们化身为自我惩罚者，通过威胁对自己造成伤害来操纵伴侣。比如让自己处于危险当中、出现身心疾病、丢掉工作、企图自残自杀，等等。

第三大撒手锏：我们化身为受苦者，通过忍受长期的压抑、抑郁或不开心暗示，不满、投诉和抱怨明示伴侣没有满足我们的需求，通过伴侣内心的内疚感激发他们付出更多。

第四大撒手锏：我们化身为挑逗者，通过不断地挑逗和承诺伴侣如果能做到什么，怎样满足自己，自己就会给予伴侣回报，但伴侣往往等到的是更高的要求和期待。

这四大撒手锏事实上是一种情感勒索，焦虑型伴侣出于内在恐惧、焦虑和不满而频繁使出的撒手锏，只会让伴侣闻风丧胆，落荒而逃，进一步强化他们对于亲密关系的恐怖经验。

停止伤害,是关系重建的前提。

回避型伴侣相处建议

其实回避型伴侣与焦虑型伴侣,是同住在亲密关系障碍病房的两个小病号。只是在应对亲密关系的潜在风险时,回避型选择了保持距离的策略,焦虑型选择了牢牢抓紧的策略。

很多朋友问到如何与回避型伴侣相处的问题。针对这个议题,如果只给出一个建议,特别是我们又偏向焦虑型的话,那就是不要把对方的回避行为个人化和严重化。伴侣的回避型依恋人格早在婴幼儿期就已经形成,这就是他们在亲密关系中习惯性的自我保护机制。如果我们把它个人化,认为是针对自己或自己哪里不好,又或者是严重化,认为亲密关系出了问题,对方不爱自己了,我们通常会做什么呢?我们会发动沟通的攻势、语言的指责或情绪的施压等。这些对我们来说习以为常,是再正常不过的情感动作,对回避型伴侣来说,就是最有针对性的刺激和风险。这样不仅会在行动上激发他们用拒绝沟通、逃离关系的策略保护自己,更会再次验证和强化他们认为亲密关系是不安全的底层信念。让你们接下来的相处中,越来越容易和频繁地进入你进我退,你追我逃,你越想抓紧,我越想逃离的关系模式,甚至将原本有机会健康发展的关系,转化为一场互相伤害的有毒关系。

所以,如果希望与回避型伴侣发展亲密关系,最重要的一个建议就是，停止个人化和严重化伴侣的回避行为，减少由此给对方造成的压力、刺激和伤害。当对方在亲密关系中感到安全，他们的自我保护机制才有可能松动和解除。

如果伴侣是一个回避型依恋人格的人，不论我们如何努力，如何付出，用尽各种方法想要让对方感受到爱，却就是捂不热对方的心。稍有风吹草动，对方就逃跑了、切断了、消失了。我们该怎么办呢？想要超越这种关系模式，我们需要真正地理解他们为什么会倾向逃避和远离亲密关系。

回避型伴侣形成的八个根本原因：

原因一：伴侣在婴儿时期未能得到父母或养育者稳定的照顾和关爱，导致他们不再依赖任何人。

原因二：伴侣在小时候可能遭遇过父母或养育者的情感忽视和虐待，导致他们不再相信任何人。

原因三：伴侣在小时候可能遭遇过父母或养育者的身体攻击和虐待，导致他们恐惧与他人相处。

原因四：伴侣在小时候可能遭遇过或父母（或养育者）和生活空间的频繁变化，导致他们缺乏安全感和稳定性。

原因五：伴侣在成长中可能遭遇过父母、养育者或爱人以爱的名义操控他们，导致他们害怕在关系中失去自己。

原因六：伴侣在过往的亲密关系中可能遭遇过严重的分离和背叛，导致他们对亲密关系产生心理阴影，失去信心。

原因七：伴侣可能习惯了浅且短的关系，比如暧昧或性关系，或是在物质、财富或事业上补偿自己，导致他们不愿在亲密关系中过多投入。

原因八：伴侣可能清楚地知道自己并不能满足你的情感需求，也不想更深地剥削你、伤害你，而选择回避和逃离一段亲密关系。

回避型依恋的伴侣其实更像一只曾被深深伤害过的流浪小动物，如果我们真的想要帮助他们，而不是想要抓住他们，占有他们或者利用他们来缓解自己的焦虑，那么请从以上八个根本原因出发，帮助他们走出亲密关系的伤痛和恐惧吧！

自卑型伴侣遭遇爱情轰炸

如果你是一个不相信自己值得被爱的人，却正在被疯狂地追求着，或是一个好得令人难以置信的追求者突然出现在你的生命中，那么你需要注意了。越是缺爱的人，越是内在感到自卑，越是容易吸引自恋的人发起爱情轰炸，并在轰炸中迷失自己。

爱情轰炸是指一个人以极大的关注和爱意"轰炸"和"入侵"了你的生活，这种爱情轰炸，对自卑和缺爱的人有着致命的吸引力。一个交往对象疯狂地表达对你的迷恋，竭尽全力讨好和取悦你，霸道地把你占有和保护起来，强势地安排起你的一切生活。这简直是一个自卑和缺爱的小伙伴梦寐以求的爱。

然而一旦你沉迷其中，失去了自我和个人边界，让对方"入侵"了你的生活，爱情轰炸便会进入第二阶段。当你满心期待着未来，对方会以更强烈的爱轰炸你、养育你、爱你时，对方其实已经开始了他们的真正意图：殖民、统治、索取、剥削或虐待。

越是在恋爱早期发起强烈爱情轰炸的人，越可能是内在自卑而自恋的人。他们只是在炫耀自己有多好，以能够征服你来满足他们自恋的需求。

一个女孩因遭遇了爱情轰炸而情感沦陷，在遭受了一段时间的情感操控和情感剥削后找到我们。我们问她是什么让她依然坚守在这段感情中？她回答说是对方曾经对她的好，她期待未来对方能恢复曾经爱情轰炸时的状态。然而，那种状态真的会回来吗？

自恋型伴侣不易忠诚

什么样的伴侣更容易忠诚呢？答案是心理健康的伴侣，在情感中不忠诚的伴侣通常伴随着一些深远的心理问题。比如大部分遭遇情感不忠挑战的人，他们的伴侣都有自恋倾向。有自恋倾向的人非常容易通过不断征服和占有尽可能多的异性来填补内心的黑洞。不光是自恋型人格障碍，还有以下五种心理问题，都容易造成伴侣的情感不忠。

一、童年创伤

在童年时期遭遇身体、性或情感虐待或忽视的伴侣，在情感中不忠的概率更大。

二、不健康依恋风格

无论是焦虑型依恋、逃避型依恋，还是焦虑逃避型依恋，内在的不安都容易导致情感偏差。

三、父母有不忠历史

父母的行为极大地影响孩子的行为。2015年的一项调查发现，父母曾经有外遇的孩子，发生外遇的可能性是父母的两倍。

四、成瘾行为

有药物滥用问题、酗酒、沉迷游戏和赌博的伴侣，也是情感中不忠的高发群体。

五、其他心理问题

包括抑郁、焦虑、双向情感障碍、情感隔绝等，都会增加出现情感偏差的概率。两个心理健康的人，才能创造健康的亲密关系，这也是为什么我们经常说，真正的恋爱、美好的关系，发生在两个生命发展程度较高的人之间。

第五章

"我"和"我们"的差异

吵架总是想赢的人，
会输掉爱他们的心。

1. 用什么样的"镜子"看自己

别人贬低你,其实与你无关

重新认识总是贬低你的伴侣或父母,很多人因为来自伴侣或父母的贬低而受苦,甚至开始怀疑自我,其实应该自我怀疑的不是你,而是那些贬低他人的人。越是喜欢贬低他人的人,其实内心越是自卑的,甚至是羞耻的。

首先,贬低他人是一种心理投射。他们有很多不接纳自己的部分,于是把它们投射到别人身上,对别人的生命状态进行攻击。比如自己过得不好的父母,特别容易把孩子描述得一无是处。

接着,贬低他人是一种心理保护。他们很可能曾经是被贬低的对象,一方面他们习得了这样的行为,另一方面当贬低别人时,当别人不如自己好的时候,他们会感觉到更有安全感,甚至有补偿过去伤痛的快感。比如自己内心自卑的伴侣,特别习惯通过贬低另一半寻求优越感。越是自卑的人，越是喜欢贬低他人。不要被一个自卑的人的话语，定义你的价值和人生，无论他们是你的伴侣或是父母。

从别人的指手画脚和品头论足中解脱

你是否在生活中遇到过这样一群人，他们擅长挑毛病，热衷给意见，享受做评价，轻易下决断，甚至以语言攻击别人为乐。他们每天热心地、不知疲倦地对别人的生活指手画脚，似乎真理和正义就掌握在他们手里。

他们的口头禅包括："我告诉你啊，这件事明明就是怎样怎样啊，你那个不行！""该怎样怎样！我还不知道你？""看着吧，不听我的，你得吃大亏！"

不知道谁给了他们这么大的勇气，可以在根本就不了解当事人，不清楚实际情况，无法真正感同身受，自己其实也过得不怎么样的情况下，这么理所当然、理直气壮地挑毛病、给意见、做评价、下决断，甚至攻击人家。

遗憾的是，这些指手画脚和品头论足又特别容易伤害到当事人。特别是如果这些人和当事人很亲密，他们之间的关系很重要，又或是当事人本身就有心灵伤痛，比较自卑，那么这些语言上的否定、评判、攻击真的会摧毁当事人的内心世界。

然而另一方面，这些整天对别人的生活指手画脚的人的问题远比当事人更糟糕！他们无法面对自己的不足，所以整天挑别人的毛病；他们自己很自卑，所以特别希望你把他们的意见当圣旨；他们内心里评判自己，所以才去评判别人；他们非常无知，才会轻易下决断；他们不爱自己，不关注自己的生活，才会有时间、有精力整天盯着别人的生活，甚至攻击别人。

过得很不好的人才会整天对别人的生活指手画脚，真正过得好的人会更关注自己的生活，只在别人需要的时候，给出建议、鼓励和力所能及的帮助。

不要在意不爱你的人的看法

你会很在意别人的看法，特别是权威或是重要的人的看法吗？永远不要在意一个不爱你的人的看法。

爱是一份让自己、他人乃至整个世界变得更好的意愿和行动。当爱是言语和行为的内核时，即使对方的看法与你不同，对你来说都是营养；当控制和攻击成为内核时，即使对方是某种权威或很重要，又或者是你很喜欢、迷恋的人，他们言语和行为，都有可能成为毒害你的毒药。

一个人一直为伴侣对他的看法伤心难过，如果你也有这种困扰，不妨问问自己以下问题：你觉得对方爱你吗？对方有为你的福祉而努力吗？对方是否在以对你的看法攻击你？对方是否在以对你的看法，试图改造你以更好地满足他们的需求？

无论对方是谁，对你有多重要，永远不要在意一个不爱你的人对你的看法。

伴侣是一面镜子

想要看清自身的价值，至少找一面健康的镜子。

在我们看来，很多反馈自我价值感低，觉得自己哪里都不好的朋友，其实是非常美好的人。但却因为长期通过身边不幸福的人的评价和对待自己的方式来评估自身的价值，他们对自己形成了糟糕的、扭曲的、固化的认知。以至于当一些幸福的人提供给她们一些积极的、美好的、拓展的反馈时，这些真相反而更像是假象，让他们充满怀疑。

这种情况在亲密关系中更为明显。孩童时期，不幸福的父母或养育者就像一面锈迹斑斑的镜子，他们评价和对待孩子的方式极大地塑造了一个孩子的底层生命信念，让孩子相信那些斑斑锈迹就在自己的脸上，自己就是这样一个不够好的模样。孩子在其他关系和环境中，就会用尽全力美化自己、证明自己以获得他人的喜欢，长大后进入亲密关系，他们就特别容易基于底层的生命信念，再次找到一面锈迹斑斑的镜子，有时甚至像极了父母的、一个不幸福的伴侣，并通过这样的伴侣再次验证自己的不够好和无价值。

他们捶胸顿足，无论怎么努力、怎么付出，都无法被看见、被尊重、被欣赏，或是暗自神伤，自己就是不够好、不值得被爱，就是无价值的，其实这就像在一面污浊的镜子面前，不管洗了多少次脸，涂了多少粉，看到的却依然是污浊的自己一样。一个不幸福的人无法看到并反映另一个人的美好，一面不健康的镜子也无法反射出一个人真正的价值。

所以，如果我们想要提升自我价值感，除了不断成长自己外，选择和幸福的人在一起，透过健康的、多元的视角观察和拓展自我认知，跳出外在和内在的自我否定与自我贬低同样重要。

三个从恶语中解脱的心灵智慧

你一定有过被他人恶语中伤的经验和感受：感觉就像被迎面打了一拳，或是一把刀子扎进心里。被误解的委屈，被攻击的愤怒，被侮辱的羞耻一起涌上心头，将你淹没在痛苦之中。然而，有痛苦的地方就有成长，三个心灵智慧帮助你从别人的恶语中伤中解脱。

一、别人对你说什么，与你无关，而与他们的生命状态有关。

一些人的生命真的可以用非常悲惨来形容。他们贬低、打压、攻击、侮辱和伤害你，不是因为你是怎么样的，而是因为他们是被这样教养或对待的。他们的生命容器里装满甚至超载了这些垃圾,即使不恰巧倒在你这里,也会倒在其他地方。

二、别人对你说什么,并不能伤害你,除非你选择接受伤害。

对待别人倾倒过来的垃圾,你完全可以像国家的做法一样拒绝其入境。但如果你的生命能量比较低,又或者内在伤痛或评判恰巧被对方的言语击中,这些垃圾就非常容易被你放进心里,对自己造成伤害。所以多花些时间疗愈自己,提升自己的生命状态。

三、别人对你说什么,像钓鱼的诱饵,把持住自己不要上钩。

悲惨的人会有意识或无意识地让其他生命变得悲惨。他们每天的言语和行为就像在钓鱼,一旦你上钩了,就很容易被他们带入悲惨世界。即使在水中经过一番挣扎和博弈,你脱钩了,通常自己也会伤痕累累,筋疲力尽。所以不要上钩,不要纠缠。

别人如何对待你,是他们的业力。你如何对待他们,是你的业力。慈悲地看见他们的苦，爱惜和关照自己，不与他们合谋创造更多伤害和痛苦，祝福你拥有从别人的恶语中伤中解脱的力量。

八个活出光芒万丈的心灵智慧

一、有些人总是生气，并寻找任何机会向他人发泄，你需要明白，他们的愤怒其实不是对你，而是对他们自己的生活。

二、不要太在意别人如何评价你，这些并不是真的你，而是他们内心世界的反射，况且他们根本都不了解你。

三、不要对不值得的人浪费口舌，有时候沉默就是对对方最好的回应。

四、那些不满意自己的人，也很难满意身边的其他人。

五、越是表面强势，自以为是的人，越是内在脆弱，自卑无助的人。

六、如果你竭尽全力希望对方开心,对方却永远无法满足,也许恰恰说明对方不值得。

七、你回应消极的人的时间越少,你可以关爱自己的时间就越多。

八、即使是太阳也不会让所有人满意,但还是要做太阳,因为那才是真正的你,何况还有一些人的世界会被你照亮。

2. 从"恋爱脑"到"自爱体"

两件事，真正爱自己

你会如何爱自己呢？带自己吃好吃的？买好穿的、好用的、好玩的？看书、旅行、学习、娱乐、各种各样的社交？积累尽可能多的财富？精挑细选一个爱自己的人，组成一个幸福的家庭？或是成就一番事业成为成功人士？

这些生活方式和人生目标都很好，但如果我们在此生中未去做这两件事，我们将错失活出自由与绽放的人生的机会。

自由来自我们勇敢地带着自己从最深的伤痛、恐惧和限制性的信念中解脱出来。无论是生老病死、恐惧社交或爱恨情仇，还是不相信自己是一个有价值且意义非凡的存在，认为只有符合特定的标准才算作是成功和有价值等。

绽放来自我们发现的天赋、热情、使命和内在身份，全身心地投入到忘我和极乐的创造状态。积极心理学称这种状态为心流体验。

如果你真的爱自己,你准备什么时候过上你真正想要的生活呢?

每个人心中都有一处高地,我们值得拥有更好的生活。

爱自己的三个层级和十五个具体方法

非常多的人对爱自己的概念是模糊的,或者缺乏一个整体的框架。我希望通过这节内容给大家一个完整的框架和十五个具体的方法。

> 第一层级:
>
> 如果我们爱自己,我们需要照顾好自己的身体。它是我们成长与修行的载体。
>
> 5个具体的方法包括:1. 食用健康的、有机的食物;2. 每天运动;3. 多晒太阳;4. 充足的睡眠;5. 必要的药物和治疗。
>
> 第二层级:
>
> 如果我们爱自己,我们会关注心智的成长。心智决定我们是否能以积极和建设性的方式回应生活中的各种事件;

而情绪提供着生命发展的重要动力。

5个具体的方法包括：1. 减少负面信息，也就是精神垃圾的摄入；2. 疗愈情绪创伤；3. 减少或释放压力；4. 每日冥想；5. 通过学习拓展自己的认知。

第三层级：

如果我们爱自己，我们会追求灵魂的觉醒。我们将超越阻碍着大部分人的伤痛、恐惧和制约，活出生而为人的神采，达到天人合一的状态。

5个具体的方法包括：1. 探索和发现自己的使命；2. 升级我们的意识；3. 回归自然，与自然连接；4. 更深刻地理解死亡与分离；5. 带着爱，持续探索生命的真相。

自爱 = 身体健康 × 心智成长 × 灵魂觉醒

爱自己，然后爱世人

这个世界上有很多孤独和无助，穷尽一生寻找爱的成年小孩，或许也包括了我们自己。我们或者没能从原生家庭中获得足够的爱，或者未能在过往生活中学会如何爱自己。从今天起，如果我们决心为自己的生命负全责，如果愿意成为自己终生的守护者，那么要这样无条件地爱自己。

一、爱惜自己。我们有权利追求和享受快乐，我们值得满足自己或被别人满足。像照顾自己的孩子，或者是新生的小动物一样照顾自己，满足自己，快乐自己。

二、悲怜自己。过去的生活也许给了我们很多贬低、压抑和伤害，请停止继续无意识地用同样的方式对待自己。停止自我贬低、自我压抑、自我伤害。开始同情自己，理解自己，帮助自己。

三、喜欢自己。喜欢自己与生俱来的美好和独一无二的特质，或许自己取得成功和成长道路上的进步。像欣赏世间最美的事物一样，欣赏自己、喜欢自己、鼓励自己。

四、接纳自己。舍弃来自外在或别人不断评判自己的各种观念和执着；以慈悲普度众生的心量，全然地接纳自己，释放自己，宽恕自己。

无条件的爱不是追求、索取和交换来的，而是通过四个自我真爱练习，实实在在活出来的。当你化身为爱，别人不爱你，世界不爱你的幻想就消失了；恐惧和愤怒被你转化为爱与祥和的实相就显现了。

自爱的七个练习，让自己每天都幸福

我常常提醒大家爱是一种幸福的能力，你是否有能力让自己在每天有更多时间生活在幸福中呢？幸福感有七个重要的来源，启发我们七种自爱的方法。

一、喜悦

喜悦意味着我们活在当下并享受当下，我们要有意识地去做让自己喜悦的事情，比如：运动、听音乐、旅行、聚会等。

二、兴奋

兴奋来自我们挑战自己或新的事物，我们需要给自己设置一些健康的刺激，比如：减肥、改变某个习惯、学习新的技能等。

三、感恩

感恩是调节情绪状态最有效的方法，当我们开始关注积极，消极就慢慢消散了，比如：感恩日记、对他人表示衷心的感谢等。

四、自豪

自豪来自我们对自己内在的欣赏和认可，不需要跟别人比，而是为自己的进步鼓掌，比如：每天结束前回顾当天的成就和胜利事项等。

五、乐观

乐观是一种积极正向的整体生命状态，意味着我们更关注事物的可能性和自我成长，比如：练习在最糟糕的事情中看到积极的面相。

六、满足

满足意味着对你所拥有的感到满意和感激，欲望会消耗我们，而满足让我们充盈，比如：整理房间、践行断舍离、正念冥想等。

七、爱

爱是一份让自己、他人乃至整个世界都变得更好的意愿和行动，在接受爱和付出爱的过程中都会生发爱，比如：与自己独处、陪伴和倾听伴侣、公益服务等。

当你能带领自己幸福地生活，你便拥有了这种爱的能力，然后你也可以帮助其他人幸福。于是你可以对另一个人实在地说："我爱你。"

对生活不满意的五个原因：

第一个原因，程序化的、一潭死水般的生活。尝试新事物或新的生活方式，打破常规是提高生活满意度的好方法。如果你对生活的某个方面感到长期的不满，最好的方法就是通过成长，用新的方式去改变它。

第二个原因，无意识的工作或被动享受。如果我们无法享受工作，并觉得从物质生活中得到的快乐越来越少，试着承诺自己100%（或尽可能接近）做一件事情，这会带给你一种在无意识的工作或被动享受的情况下根本无法实现的成就感和满足感。

第三个原因，我们是否把自己关进了孤岛上的一座城堡。很多人的确存在社交恐惧和亲密障碍，但即使最内向的人，也需要至少一些高质量的互动和偶尔的社交，才能感到快乐，并从人际交往中获得最重要的精神营养。

第四个原因，渴望亲密关系和恐惧亲密关系的纠结。就像我们饿了需要摄入食物一样，没有什么比良好的亲密关系更能给我们带来心灵的营养了。如果你意识到你与自己，你与伴侣、父母、孩子或兄弟姐妹都比较疏远，你在心灵上会有孤儿的感觉。

第五个原因，情绪容易被各种各样的问题干扰。长期或频繁的焦虑、悲伤、内疚、羞耻或愤怒让我们筋疲力尽的同时，也极大地影响着我们的亲密关系和事业发展，甚至是健康状况。这通常和我们的心灵创伤有关，如果你放任自己被某种疾病折磨这么久而不去疗愈，你的生活当然会对你相当不满意！

四种守护能量的自爱边界

越来越多的人意识到通过内在成长成为爱,是比通过亲密关系获取爱更有效的方法。而在提升自爱能力的修行中,有效地建立健康的个人边界是其中一项非常重要的功课。越是自爱的人,越会通过四种边界守护生命能量。

首先是空间边界。建立和拥有属于你的不被打扰的个人空间;带着觉察,自主地保持和他人之间的距离和频率。如果你更享受独处,更能从独处中获得能量,那么就要有意识地限制无效社交,给自己多一些独处时间。

然后是时间边界。无论多忙,都给自己留下一些属于自己的时间来关爱自己、照顾自己;合理地安排自己的日程,如果每天都处于压力中,你的创造力和情绪就会受到影响;另外也要有意识地创造高品质的专注时间,不受手机或其他外界影响。

接下来是情感边界。能够勇敢地承认和表达自己的感受;当别人对自己施加巨大的情绪压力和威胁时,主动叫停或抽身出来;远离持续带给你负面情绪和心理压力的人,毕竟在我们没有疗愈好核心伤痛之前,需要避免不必要的二次伤害。

最后是关系边界。你是自己生命的主人,你有权为自己选择适合自己的关系模式,并以自己感觉轻松和自在的节奏与对方相处;停止以牺牲和压抑自己的需求交换关系和爱;允许自己在关系中优先照顾好自己,满足自己。你的生活越幸福,你越有能力分享幸福给身边的人。

我们就像一块电池,建立健康的个人边界不仅能帮助你有效地避免无意识的能量消耗,还有助于恢复你的生命能量。当你的生命能量健康而充足,你自然会由自爱转向爱人模式。

因为恋爱而忽视甚至切断与家庭和朋友的关系,既不明智也不健康。如果伴侣要求或胁迫你,隔绝其他的情感支持来源,这更有可能并不是爱而是控制欲和占有欲。

我们会经常听到某某某开始谈恋爱了,然后变得重色轻友的故事。的确,热恋时的两个人,就像原子弹爆炸,迸发出的耀眼光芒盖过了一切其他的关系。但是我们需要清楚地了解,家人和朋友给我们提供了多元的情感支持系统,这种多元的情感支持不仅更有益于我们的身心发展,让我们有更多的存在感、安全感和归属感,同时也会降低我们因为情感支持来源单一而给伴侣和亲密关系施加过度的压力,更会在与伴侣的亲密关系出现问题和挑战时,提供多元的视角、有爱的支持和能量的补充。

当我们陷入热恋,伴侣其实是想要完全地占有我们的,这种占有蛮横、有侵略性且排他。"你是我的人了,你不可以有其他的人际关系,最好你的世界里只有我,最好没有我你就活不下去……"这些都是意图占有你,从而满足自己的伴侣的潜台词。你要清楚地知道这并不是爱,真正的爱人会因为你在与家人和朋友相处中感到幸福而鼓励你,甚至主动地创造机会,使得你与他们相聚。

　　还有一种情况是我们和家人与朋友的关系，本来就存在伤痛和各种挑战，我们全身心地投入到一段感情，主动切断了和外界的一切关系，这段关系更像是你的避难所，你终于找到一个至少目前爱你的人了，如果是这样，我们祝愿你被善待，被爱人的能量疗愈和激发，有一天也拥有爱的能量，甚至能够重建和贡献与家人和朋友的关系。

3. 高自我价值感才能赢得爱和尊重

四种侵蚀自我价值的行为

很多朋友在意识到低自我价值对亲密关系和职业发展的不良影响后,都想要提升自我价值。然而以下四种行为,正在每天侵蚀着他们的自我价值。

> 行为一:总是把其他人的需求放在自己的需求之前。当我们专注于满足他人而忽视自己时,我们就无法认识和重视自己的需要。这种行为会持续强化我们不够好、我们不值得的内在信念。

行为二：不断地逃离或切断自己的思想和感受。当我们感到难过或焦虑时，其实是内心试图告诉我们它的担忧、恐惧或是未被满足的需求。然而我们经常忽视这种沟通，不断用食物、购物和电子产品麻痹自己。

行为三：依据他人的标准和喜好评判和改造自己。这是很多人从小就被父母和老师培养出的一种习惯。这个习惯极大阻碍了我们的人格发展，不断地切割我们真实而完整的人格面相，让我们的内在破碎而无力。

行为四：不断寻求他人的关爱来满足自己，忘记自我关爱和自我满足。很多人的心智依然停留在弱小和无助的儿童状态，不断地无意识地寻求他人来满足自己、拯救自己，却忘了自己才是自己的监护人，自己才是自己人生的第一责任人。

请记得你的人生使命不是活出别人希望的样子、不断满足别人的需求，而是活出自己想要的样子，并支持更多人活出有爱的、幸福的生活。

低自我价值感的生命模式

和大家分享三个真实的案例。

追悔莫及的 A，当年她身边有两位追求者，一位非常优秀，一位相对平庸。因为害怕自己配不上那位优秀的男士，她选择和那位平庸的男士结婚，然而婚后并不幸福。

B 的事业心很强，非常渴望成功，为此也付出了常人无法想象的努力。然而多年下来，他发现了一个奇怪的轮回：就是每当他的事业有所起色，通常在两三年后，就会发生各种状况，然后事业急转直下。

C 在外人看来非常幸福和成功。然而先生越是爱她，自己事业发展得越好，她却愈发焦虑起来。她开始无意识地和先生争吵、发脾气，或是在事业中做出糟糕的决定。经过学习，她发现了一个可怕的底层信念——我不值得。

这些案例听起来是否似曾相识？我们或身边的朋友是否也有类似的经验？因为自我价值感低，我们即使非常努力，却依然甘愿将自己困在亲密关系、工作事业等方面里；为了验证"我不值得"的信念，我们不惜推开爱我们的人，甚至毁掉一手创造的幸福和成功。

现在，我们需要做一个深刻的觉察。问问自己你是否相信自己是一个伟大的存在？你是否相信自己的存在让身边的人和这个世界受益？你是否相信自己值得被爱，值得享受世间的一切美好？你过往的所作所为，特别是对别人、对这个世界的所作所为，是否让你能心安理得地接受财富、名誉、地位、权力，以及世人的爱与信任？

我们对自己的信念，创造了我们各自的命运。"我不值得"的信念，只会让你过不值得的生活，做不值得的工作，活在一个不值得的世界里。

不论谁曾经对你说了什么做了什么，或是你曾经做了什么，摧毁了你的价值感，我们都邀请你勇敢地从"我不值得"的幻象中醒来，从伤痛和内疚的暗夜丛林中走出来，成为值得的自己，和我们一起创造一个值得的人间。

一个好男人，并不是女人的归宿

是否有女士把找到并嫁给一个好男人作为自己的人生目标呢？一个好男人真的是一个女人的好归宿吗？今天我们来探索一下这个议题。

首先，女性朋友们需要觉察各自对于"好"的定义，怎样的男人算得上是好男人呢？忠诚、包容、有责任和担当，还是温柔、浪漫、体贴又细心，或是高、富、帅、有才华或抱负？即使真的有满足所有条件的人类高品质男性出现并爱你，但是这些品质也并不属于你，我们只是对方这些品质的受益者，伴侣满足了我们的需求、标准和期待，并给我们的生活带来幸福和希望。

但如果在这个过程中,我们变成了温水中的青蛙,或是退化为只会索取爱的孩子。当有一天宿主累了,变心了,不在状态了或是离我们而去了,我们终将会实在地看清,自己在生命成长和发展水平上,还没成为真正独立的个体。

时至今日,非常多的女生依然无意识地受着传统的男尊女卑思想的影响,无法认识到自身的价值和潜能,也无法认识到一个自信的、有智慧的、有力量的女性,对于男性、家庭,乃至整个社会的重要影响,把找到并嫁给一个好男人设定为人生目标。

其实,一个好男人并不是一个女人的好归宿,一个更好的自己才是。一个更好的女人会有机会和一个更好的男人相遇,创造更好的关系和家庭,生育和培养更好的孩子,推动人类社会更好地发展。

伴侣不想结婚该怎么办

如果伴侣不想结婚你会怎么做呢?继续或是分开,这是一个问题。

面对这样一个重要的决定,我们建议大家,首先能清晰自己的需求和动机。

有些人特别希望在某个特定年龄以前要孩子,才会着急想要结婚。那么,对他们来说生育才是核心目标,而不是结婚,那有了孩子之后呢?这段婚姻如何经营呢?

随着年龄的增长，有些人开始担心自己的价值随着年龄而贬值，或是因为家庭和社会的压力，又或者特别渴望一份安全感而想要把自己嫁出去，所以，对她们来说，消除某种恐惧和压力才是核心目标，而不是结婚。结婚之后呢？这些内在恐惧和不安真的消失了吗？

我们需要探索伴侣对于结婚的观点和恐惧。

不要一棒子打死，认为伴侣不想结婚就是不爱你。也许你的伴侣不想结婚只是因为他对于婚姻，有着和你不尽相同的认知。不要自以为是地认为所有人都应该和你的认知相同，否则对方就是错的。聆听伴侣的观点，也许你能拓展和加深对于婚姻意义的理解，甚至和伴侣达成更好的共识。

忍耐，到底能不能挽救亲密关系

有位朋友终于结束了忍无可忍的婚姻，而且因为想快速和对方一刀两断，离婚过程中"割地赔款""伤亡惨重"。很遗憾这本书没能早一点出现帮助到她，但也许这节内容可以给千千万万正在艰辛忍耐，试图挽救婚姻或亲密关系的朋友们带来启发。

如果忍耐对你来说意味着压抑和妥协，那么它非但不能挽救一段关系，而且累积的伤痛和坏情绪会像不断往婚姻里添置的炸药桶，在某一时刻会发生毁灭性的爆炸，加速这段关系的消亡。

压抑和妥协的忍耐，让我们逐渐失去爱的能量。因为压抑坏情绪是需要能量的，当我们的能量被这样消耗，用于爱自己和爱对方的能量自然就少了；即使我们没有主动地攻击对方，但是非暴力不合作的被动攻击也会成为你们相处的主要模式。

压抑和妥协的忍耐，还会向对方发出错误的信息和信号。对方并不是你肚子里的虫子，也不是慈悲而睿智的心灵大师，而且很多时候，他们也压力巨大，能量有限，你的忍耐会被对方理解为默认和许可，而持续那样做或继续这样对待你。

压抑和妥协的忍耐，会让你们彼此都失去成长的机会。在你的忍耐中，你首先在内心认定了一个观点——对方伤害了你，然后单方面采取了行动。然而在这个过程中，真相可能离我们越来越远，对方是有意还是无心？到底是对方的伤害还是自己的伤痛？都不得而知。同时，我们对对方的恶意增加了，对方越来越成为那个故意伤害我们的罪犯！因为不清楚真正的问题到底是什么，两个人之间的信任又土崩瓦解，所以你们很难找到解决真正问题的更好的方法，进而失去共同成长的可能，在忍耐和破裂的痛苦中不断轮回。

压抑和妥协的忍耐，还会滋长阻碍你生命发展、害人害己的两种生命模式。

爱你的人无需讨好，不爱你的人讨好也无用

如果我们总是关注他人的感受而忽视自己的需求，害怕冲突，

总是主动道歉并将责任归咎于自己，无原则无底线地迎合他人，却无法保护自己，那么我们就呈现出了讨好型人格的倾向，心理学上又称之为"迎合型人格"。讨好型人格的人有一个重要的人生信念，只有让他人满意，我才有资格和他人保持关系。

有讨好型人格倾向的人很可能在生命早期，因为遇到不接纳他们、不满意他们的父母或养育者，而形成总是证明自己、讨好父母或养育者的生命模式。未被疗愈的内疚创伤会在潜意识中不断侵蚀他们的价值感和边界感，并在日后的亲密关系中不断上演他们不断讨好，但对方就是不尊重、不珍惜、不满意的剧本。

有一个特别善良的女生在走出原生家庭，离开永远不满意她的妈妈，并进入婚姻后，特别希望能够通过自己的努力，成为一个让先生满意的好妻子。她以更大的隐忍、更多的讨好与先生相处，却再次绝望地发现她的先生也开始挑剔她，更讽刺的是，在家庭聚会上，她的先生和她的母亲居然联合起来一起挖苦她。

我们总是在亲密关系中重演童年遭遇的创伤。讨好型人格倾向的人像一块磁铁，总是吸引自我的、苛刻的、不尊重他人的伴侣走进亲密关系。好像要和自己完成这出一个讨好、一个不满的对手戏，对于讨好型人格的人们来说这才是他们熟悉的、正常的生活。

我们特别希望对这些有讨好型人格倾向的人们说，一个有爱的且爱你的人，不需要你的讨好，甚至会因为你的讨好而心疼，因为他们知道你受苦了，更不想剥削你。一个缺爱的且不爱你的人，即使你牺牲自己拼命讨好，也无法让他们满意，因为他们只关注自己，更不知道如何爱你。

然而这个道理只有这些人真正走出内疚创伤，活出有价值的、自爱的生命状态，与一个有爱且真正爱他们的人走在一起，体验过被平等的、尊重的对待，并被高品质地爱过后才会明白。

遭遇自恋型情感强盗的三个原因

你有没有在情感中遇到过这样的人？在感情的初期，他们向你展现无与伦比的美好形象，对你展开热烈的追求，并许诺迷人的愿景。然而一旦你们的关系确定了，他们便开始对你进行疯狂的情感掠夺。他们占有并控制你，基于他们的需求和欲望要求改造你，同时可能还伴有贬低和虐待。即使你已经被盘剥得遍体鳞伤，他们不会有丝毫的同情和怜悯。一旦你对他们失去了利用价值，他们也会迅速将你抛弃，或者关进情感地牢，然后开始寻找下一个目标。

我们将这段关系中的受害者称为情感乞丐，而关系中的迫害者称为情感强盗。这三个原因揭示了为什么越是自卑的情感乞丐越是容易遭遇自恋的情感强盗。

第一个原因：自卑的人通常在情感独立和生活独立方面的发展情况不太乐观。在内心中主导他们行为的核心角色更多时候依然是那个渴望爱、渴望被照顾、渴望被保护的孩子。这时，一个外在看起来如此爱自己、如此有能力、如此有资源的一个人简直是再完美不过的情感养育者了。

第二个原因：自卑的人通常在早期遭遇过类似的情感操控和虐待。这些深埋在潜意识中的长期记忆和信念能量是巨大的。它们会不断向外释放某种引力，吸引那些像极了曾经在情感上剥削他们的父母一般的人靠近他们。这也是为什么很多人在关系深入一些后会惊恐地发现对方根本就不是那个完美的情感养育者，而简直就是他们父母的加强版。

第三个原因：重建自信是自卑的人最重要的生命功课，而自恋的情感强盗则是这门功课最好的老师。拥有一些生命经验的人在走过了向自恋的父母乞讨爱而被伤害，然后转向自恋的伴侣乞讨爱而被再次伤害后，终于觉醒并发现原来所有的遭遇，就是生命为他们设置的完美功课。他们不再逃避，停止乞讨，开始成长，并最终活出真实、自信和更加完满的自己。

取悦他人并不能带给你爱和尊重

在支持一些朋友生命进化的过程中,帮助他们打破取悦他人的生命模式是非常重要的一个环节。

为了得到接纳和爱,这些朋友真的付出了太多,牺牲了太多,受伤了太多。他们用尽了自己宝贵的生命能量取悦别人,却让自己生活在低能量、抑郁和悲伤的世界里。

取悦型人格通常由三个重要的元素构成:一、自己不够好,不值得的信念;二、害怕被遗弃或切断关系的恐惧;三、只有取悦他人才能获得爱的生命经验。

这种生命模式可能早在孩子与父母之间的关系中就已经形成了。那些父母眼中听话的、懂事的、乖巧的孩子,极有可能就是未来在亲密关系中不断付出的伴侣和在人际关系中失去自我边界的老好人原型。

遗憾的是,这些付出和牺牲通常并没有为取悦型人格的朋友带来真正的爱和尊重,反而极有可能被一些不太善良的人利用,成为剥削他们的武器;即使取悦型人格的人有幸遇到一些善良且有爱的人,也会因为坚信是自己的付出和牺牲换来了对方的爱,而无法真正感受到爱和安全感。

我们整理了取悦型人格最常见的五种行为,邀请有相应挑战的人作为觉察的工具,帮助自己打破取悦他人的生命模式。

一、当你又要为他人做一些他们自己应该承担责任的事情时，请觉察你是否以爱和尊重对待自己。

二、当他人侵犯了你的界限，而且你再一次选择忍气吞声，请觉察你是否以爱和尊重对待自己。

三、当你对某一件事答应下来，但其实心里又是拒绝的时候，请觉察你是否以爱和尊重对待自己。

四、当你再次把他人的评价顺理成章地认为是自己的问题时，请觉察你是否以爱和尊重对待自己。

五、当你为了别人的快乐而以伤害和牺牲自己为代价时，请觉察你是否以爱和尊重对待自己。

取悦型人格的人心中通常住着一个缺爱的孩子，每当你取悦他人的时候，你都再一次证明这个孩子有多不值得被爱；而当你转向关爱自己的时候，你才真正把爱和尊重给予这个孩子，这对他们的心灵成长至关重要。

四种行为会让人远离你

无论是在生活还是在工作中,我们都发现了控制行为带给亲密关系和人际关系的巨大伤害。而且极大可能,家中控制孩子的父母,会变成公司里控制员工的领导,或亲密关系中控制欲极强的伴侣。

四种典型的操控行为包括:

一、权力斗争。控制欲强的人习惯操控一切。他们希望自己是孩子生命的主宰,他们享受亲密关系中的优越地位,他们决定下属的职业生涯和发展。如果遭到反抗,他们会向造反者施以各种形式的打击和镇压,以维护自己的权力。

二、无端意见。控制欲强的人喜欢主动给意见,而不是受到对方的邀请后给出建议。他们喜欢动不动就去指导一切,因为这是展现他们高级智慧的机会。即使很多意见也有着美好的初衷,但对方会因为感到被控制而很难接受这些意见。

三、内疚伎俩。控制欲强的人有时也会以受害者的身份出现，利用内疚心理来操控别人。他们会在某一件事情发生后夸张地表现出受伤的样子，或者是在被对方刺激后突然感觉身体不适。这些内疚伎俩非常有效，可以让对方甘愿屈从于他们的意愿。

四、鞭策成功。控制欲强的人竭力鞭策他人成功。这看起来是一个非常好的意愿，但这种行为的真实意图可能是对他们自身价值感低的补偿。他们其实是想通过别人的成功来证明自己，满足自己，不惜运用刺激、比较，甚至打压和贬低的手段。

其实，我们特别能理解这些无意识地控制着别人的人，懂得他们内心的恐惧、孤独、悲伤而无助，明白他们大多数也曾经是他人控制行为的受害者。

当他们安全感十足，就会放下戒备和控制；当他们真正自信，自然不用通过打压别人来证明自己；当他们把这些生命能量收回，用于活出最好的自己，他们会成为孩子、伴侣和同事喜欢、尊重和向往的榜样。

吵架总是想赢的人，会输掉爱他们的心

无论是喜欢吵架，还是吵架总是想赢，其实都是低自尊和低自我价值感的表现。

那些试图通过赢得吵架来证明我对你错，我比你高级，我比你更重要，我才是关系中的主导的人会输掉爱他们的心。

有这样一个女生回顾到：不知道自己从哪里学习到了一个信念，就是男朋友要让着她才是爱的表现。于是，有意识或无意识地，她开始频繁向男朋友发起挑战，其实也是一种测试。在最初的争吵中，男朋友确实对她表现出很多的忍让和讨好。然而这些忍让和讨好并未能真正让她内在的自尊心和价值感得到提升，相反地，她在接下来的争吵中变得越来越难哄，他争吵的激烈程度也越来越强。当她一如既往地获得了最后一次争吵的胜利，还沉浸在胜利的喜悦中，心里还想着"你看他就是离不开我"的时候，她的男朋友向她提出决绝的分手，男朋友爱她的心被她彻底吵碎了。

因不同的见解和观点而引发的沟通是一回事，而喜欢吵架，还总是想赢则是另外一回事，它本质上是关系中的一种权力斗争。而越是低自尊和低价值感的人越是热衷于发起和赢得这种战争。但是他们却忘记了一个重要的事实——他们和伴侣其实是一个团队。这种隔离的、竞争的互动方式，无法创造真正的幸福，即使是争吵中的获胜者也无法获得真正的成长与满足，只会让他们在亲密关系中逐渐失去他人的尊重和爱。

做到这一点，才有可能遇到真爱

亲密关系中最大的陷阱，莫过于伪装自己，让自己成为对方所期望看到的样子。

即使你成功地收获了对方的喜欢，甚至是爱，也会因为担心对方不能接受一个真实的自己而无法享受这段关系。

从某种意义上来说，两个人之间的秘密越多，关系就越疏离，爱的品质也越差。

造成这种困局的原因是：我们被过往生命中的创伤事件和来自家人的评判，以及社会的各种标准洗脑了，让我们认定自己有这样那样的问题，以至于不再相信世界上有任何人能够真正地接纳我们。

然而，真爱属于那些勇敢地活出自己，真实而完整地呈现自己的人们。否则即使对方是一个非常有爱的，有机会帮助你发现原来那些伤痛、评判和标准与你的存在相比根本不值一提的人，你都会因为自己的内在恐惧而错失这次成长与发现真爱的机会。

请只管做好自己，好好爱自己，真爱你的人自然会来爱你。

告诉伴侣，你特别渴望被这样爱着

尽管我们在外人眼中很幸福，自己却总是隐约感觉缺了些什么。我们和伴侣之间既熟悉又陌生，既亲近又疏远。

我们所缺失的或者未被满足的部分其实就是基于情感和心灵连接的、高品质的爱它有五个重要的表现。

一是彼此的在场和关注。没有什么比给予我们陪伴和关注更能够让我们感觉到有安全感、归属感和爱的了。越是在陪伴和关注上被满足，我们越是能发展出陪伴自己和关爱自己的能力。

二是理解并支持我们的选择。回想一下自己曾多么渴望得到父母的理解和支持，或者在得到他人理解和支持时的感觉，就会明白能在亲密关系中与伴侣践行这样的爱是多么难得。

三是信任我们可以做得很好。很多伴侣会在亲密关系中无意识地扮演一个操心的养育者角色。信任并鼓励我们自我探索和成长，对我们的生命发展更有益。

四是尊重我们的独立时间和空间。每个人都有独处的需求，来沉淀、充电和内在整合。彼此的独立的时间和空间不仅不会让关系疏远，反而让彼此更具吸引力，关系也更有弹性和韧性。

五是拥抱并热爱我们的独特性。不成熟的伴侣会把一切与自己不同的东西认为是错的和危险的，而成熟的伴侣则看到的是对方所呈现的独特性，这拓展了彼此的认知，并增加了各自能力的多样性。

高品质爱的五个重要表现，也许就是我们和伴侣在各自原生家庭中所缺乏或未有机会实践的。如若不是这样的彼此相爱，亲密关系的真正意义又是什么呢？

情感成熟的伴侣拥有五个关键品质

大多数情况下,恋爱其实更像是两个小朋友在过家家,参与双方学着其他情侣的样子做了所有看起来他们应该做的事情,却在心灵层面无法同理和理解彼此,稍有矛盾便会显出还未成熟的小朋友的心智原型。

而如果你有幸曾经和情感成熟的伴侣走进亲密关系,他们会赋予你这五个关键品质,极大提升你的心灵发展水平和爱的能力。

第一个关键品质:自我意识。情感成熟的伴侣知道他或她是谁,需要或想要和谁在一起,想要和对方创造怎样的亲密关系。他们既不会过度依赖你,也不会过度吞没你,他们有一种能够平衡爱自己和爱你之间的智慧。

第二个关键品质:彼此尊重。情感成熟的伴侣尊重自己,而其中一个非常重要的外在表现就是他们尊重自己的家人和伴侣。他们与你之间的关系是合作伙伴,而不是竞争对手。他们旨在打造双赢的、共同成长的关系。

第三个关键品质:同理心。情感成熟的伴侣有在情感上支持对方的能力。他们通常是良好的倾听者和沟通者。

当你经历艰难时期时，他们通过言行来欣赏和支持你。当你遇到困难时，他们不会嘲笑你的眼泪或说居高临下的话，他们会与你共情。

第四个关键品质：自信而谦卑。情感成熟的伴侣拥有真正的自信，而这种真正的自信不是夸夸其谈、自以为是，而通常是以谦卑的方式呈现在你面前。他们会主动为自己做错的事情道歉，也会开放地去探索自己并不知道的东西。

第五个关键品质：诚实可靠。情感成熟的伴侣深刻地理解爱是一个持续一生的修行。他们不断通过内在成长提高自己的意识层级和生命状态，这通常让他们在亲密关系中呈现诚实可靠的品质。同时他们也信任你，更信任生命会为他们做最好的安排。

自我价值高与低在恋爱中的七个不同

一、高自我价值的女性不会分析男人是否喜欢她们，因为她们深知自己的美好。她们欣赏自己的品质、能力、性格、能量，并相信适合她们的人会看到这些；而低自我价值的女性会把自身的价值建立在男人的想法和评价之上。

二、高自我价值的女人明白如果一段关系破裂了，是因为这段关系存在问题。当男性选择结束这段关系时，她们不会自我否定而是继续前进，她们的自我意识完好无损；而低自我价值的女性会持续地质疑一定是自己太糟糕了。

三、高自我价值的女性能够在关系中设定健康的界限。她们知道自己能够接受什么，对于自己不接受的东西勇敢地说"不"。即使在亲密关系中，她们依然闪烁着独立与自信的光芒；而低自我价值的女性很容易依赖男人而失去自己。

四、高自我价值的女性其实更加尊重自己的伴侣。她们不需要通过与伴侣的权力斗争，或是情感测试来证明自己的价值，她们更能够通过理解、尊重和欣赏来激发自己伴侣的能力；而低自我价值的女性总是会贬低或是打压自己的伴侣。

五、高自我价值的女性为自己的行为、情绪和生命状态负责。她们通常有着很好的自爱能力和很多的自爱经验，能够主动地，或是伴侣无法提供支持的时候，更好地关照自己；而低自我价值的女性只会持续抱怨却不愿意爱自己。

六、高自我价值的女性不会学习各种套路，试图占有、控制和驾驭伴侣。相反，她们会更全然地真心付出，正常地相处。因为她们尊重自己，她们知道什么是自己想要的关系；而低自我价值的女性总想要用各种套路和手段拴住伴侣。

七、高自我价值的女性明智地、勇敢地做选择。无论是是否与对方走进亲密关系，还是是否继续这段亲密关系，她们都有着自主而清晰的判断。她们不会让自己和糟糕的人维持糟糕的关系；而低自我价值的女性会把关系当作救命稻草，即使是一段有毒的关系，也会紧紧抓牢。

4. 把自己还给自己

建立三个真正自爱的边界

亲密关系并不是"你对我好，我对你好"这么简单，它更是两个人不断修炼和提升各自爱的能力的成长过程。真正自爱的人会在亲密关系中建立这三个自我边界。

一、我很爱你，但我更爱自己

真正自爱的人明白，不断消耗自己满足对方，并不是健康和长久的互动方式。我们就像一块充电宝，我们首先要保证自己在一个健康的电量状态，才有可能在伴侣向我们发出充电需求的时候，给出更无条件的、更高品质的支持。

二、不再浪费时间改变自己不想改变的人

很多人都想指导如何改变伴侣，或者如何支持伴侣成长的问题。我会告诉他们，你需要尊重另一个人的生命主权和成长阶段，把更多精力用于提升自己的生命能量。当你成为太阳，地球自然会被你吸引，被你温暖。

三、不允许自己被虐待或伤害

有非常多的人在逃离了原生家庭这个伤心地之后，直接走进毒性亲密关系的集中营。情感的忽视，语言的攻击甚至肢体的暴力每天折磨着他们。恳请大家勇敢地站起来，保护自己。任何后果或代价都不如你的生命受到摧残严重。

亲密关系是爱的道场，不是幸福生活的火葬场。

你是自己的监护人，请在亲密关系中保护好自己；你是自己生命的主人，请在亲密关系中勇敢地成长自己；你是自己的守护天使，请帮助自己在亲密关系中成为一个幸福的存在。

我曾收到一条求助信息：女孩子在和男孩子相处了一个多月之后，男朋友问她要手机密码，以便监视她的社交，最后女孩子迫于压力，把密码给了男朋友。如果这件事发生在你身上，你会怎么想？又会怎么做呢？

无论最后选择给或者不给，这个事件对于一段亲密关系来说都是一个重大事件，背后蕴藏着很多重要的启示。

首先，男朋友的行为有两个比较普遍的动机：一、这个男生在过往的亲密关系中可能遭遇过背叛的伤痛，而且非常有可能是因为女朋友的社交行为所导致的，出于不安全感，男朋友想要在关系初期就启用社交行为监管的方式来保护自己；二、这个男生有极强的占有欲和控制欲，希望通过社交行为的监管，进一步加强对女生的占有和控制来满足自己。但是，无论是第一种可能，还是第二种可能，监控伴侣的社交行为都无法让男生真正满足。过往的伤痛会让男生持续地对女生和亲密关系产生怀疑和推测；占有欲和控制欲会让男生不断对女生和亲密关系施加控制和监管；除非男生有机会觉醒，疗愈心灵创伤，重建内在的安全感，或是升级自己对爱的认知，真的去爱一个人，而不是占有和操控一个人，否则在他的主导下，这会是一段非常受苦的亲密关系。

其次，女孩给出手机密码也有两个比较普遍的动机：一、女孩子的边界感本来就弱，她已经习惯了顺从和讨好他人，无法关爱自己，总是优先满足他人的需求；二、女孩子的自我价值感比较低，在关系中处于弱势或低于男朋友的姿态，因为害怕失去男朋友而满足男朋友的需求。但是，无论是第一种可能，还是第二种可能，这都不是健康亲密关系的正确打开方式。这些行为即使让女孩子获得了男朋友所谓的爱，它强化了一种模式：就是女孩子要用讨好和妥协来维护关系，交换所谓的爱。而且在更多的情况下，女孩子不仅无法获得男朋友所谓的爱，还会给男朋友未来进一步侵犯打开一扇大门。

对于男生来说，如果他有觉知，他需要为自己的不安全负责，疗愈自己，而不是让别人自证清白；如果他想要占有和控制他人，要真诚地问问自己，这是不是爱？

对于女生来说，如果她有力量，她需要守护好自己的边界，这是正常的且应该被尊重的，如果因害怕失去对方而卑微地纵容对方的占有和控制，要真诚地问问自己，这真的是自己想要的爱吗？

恋爱中最大的陷阱，就是丢掉自己

回想一下一段恋情刚刚开始的时候，你和伴侣是否被彼此各自美好而独立的生命状态所吸引？然而随着关系的不断深入，很多人开启了心灵倒退。我们似乎倒退回了一个在心理上和生活中都不能自主的孩子，开始焦虑恐慌，取悦讨好，患得患失，争斗对抗。一段原本健康的亲密关系，就这样退化为一段功能失调的，甚至是有毒的亲密关系。

恋爱中最大的陷阱，就是丢掉我们自己。丢掉自己意味着我们忘记了自己才是自己幸福的第一责任人。我们停止了对自己生命状态的维护工作，转而期待对方为我们的生命状态负责。我们原本可以无条件地爱自己，有能力让自己快乐幸福，现在却要开始依赖和他人做交易来满足自己。健康范围内的撒娇和示弱是亲密关系中的情趣，而频繁且持续的依赖和依靠，加上未被满足而生发的指责和攻击，则演变为亲密关系中的压力和伤害。

另外，随着自我的丢失，我们建立起来的健康的生活方式、多元的情感支持、有益的兴趣爱好、原本的发展计划，都会遭遇不同程度的压抑、冲击，甚至彻底瓦解。这时，恋爱便成了一场孤注一掷的赌博。我们牺牲压抑了这么多，又为对方和这段关系付出了这么多，我们当然期待在这个人身上，在这段关系里赢回原本这些生命要素。然而通常，对方也有着相同的想法和计划，两个都想从对方身上收回先前的损失，甚至赢得更多，最后却都戏剧性地成为了最大的输家。

一段关系的变质从我们失去自己，放弃自爱，转而索取和依赖伴侣开始；而一段健康的、可持续发展的亲密关系，由两个拥有自爱能力、美好而独立的伴侣共同创造。

越是爱一个人，越需要一些距离感

如果你觉得越爱一个人，就越是应该和这个人黏在一起，那就大错特错了。这种爱的关系不仅会导致情感被吞没，让两个人感到窒息和束缚，产生反作用力，让彼此想要逃离这段关系；还会导致情感伤害，让两个人产生对抗和攻击，让一段原本健康的关系变成一段有毒的关系。

很多的恋爱关系在最初时都是和谐而美好的,除了它是一段崭新的、没偏见、未被污染的关系,还有两个人都被内在的荷尔蒙激发,处于高能量的生命状态以外,另外一个非常重要的因素便是两个人之间存在健康而平衡的距离。相聚的时候,我们可以高能量地滋养和贡献彼此,分离的时候,我们可以回到各自的安全区给自己补充电量。同时我们格外关注彼此的感受,尊重彼此的边界。这些都是一段健康发展的关系非常必要的元素。

然而当我们相信越爱一个人,就越是应该和这个人黏在一起时,这种健康的距离感和边界感便被打破了。我们理所当然地认为:我都走近你了,你就应该对我负责,应该让我更舒服。我们不再关注彼此的感受,尊重彼此的边界,而是更关注自己的感受,侵犯对方的边界以满足我们的需求。于是关系中的恐惧出现了,伤害出现,对彼此的偏见和信念也出现了,一些人开始习惯性地焦虑,希望掌控局面,抓住对方;一些人开始习惯性地回避,希望切断关系,逃离对方。

地球与太阳之间的关系对于我们的亲密关系有着深刻的启示:地球上的万物之所以能够得到太阳的滋养,也就是爱,是因为地球与太阳之间保持着完美的距离。它们有时近一些,有时远一些,于是有了热烈的夏季和寒冷的冬季;它们又有着各自完美的边界,太阳既不会过度喷发,形成太阳风暴,地球也有自己的大气层过滤了紫外线,才创造和保护了地球上的生物。倘若失去了这份距离感，地球因爱太阳而奔向太阳，或太阳因爱地球而奔向地球，那将是名副其实的火星撞地球。亲密关系亦是如此。

社交恐惧带来的五个积极转变

我欣赏勇敢表明自己恐惧社交的真诚，我喜欢主动进行社交断舍离的智慧，我钦佩突破自己、超越社交障碍的勇气。社交恐惧将给你的生命带来的五个积极转变：

社交恐惧是一个忠于内心的勇敢表达。相比为了迎合别人，让自己看起来是一个合群的人而委屈自己被动社交，主动地宣告自己喜欢什么，不喜欢什么，是非常勇敢且明智的选择，你很好地建立了自我边界。

社交恐惧让你更自主地管理生命能量。外向的人倾向通过社交来补充生命能量，内向的人倾向通过独处补充生命能量，没有对错。不想社交与他人无关，只是内向的人需要补充生命能量，这是真正的爱自己。

社交恐惧提醒你走出过度社交的陷阱。人类社会联系的便利性达到了空前的水平，人类内心的孤独、空虚和恐惧也达到了空前的水平。人与人的关系变成了某种消费行为，人类不断用新的、更多的关系来麻痹自己。

社交恐惧帮助你更好地去爱你珍视的人。谁是你最珍视的人呢？如果真的爱他们，最基本的，我们应该把更多的注意力、时

211

间和生命能量给予他们。不要让人际关系消耗了你最应该用于发展亲密关系的能量。

社交恐惧是疗愈伤痛、突破自己的契机。如果你渴望与人连接，却因为过往的伤痛和不自信，出于自我保护而逃避社交，而且这个内在冲突给你带来巨大的困扰，那就直面这个挑战，勇猛地成长，突破自己吧。

第六章

爱的流动比爱本身更重要

用爱的鼓励与欣赏，
在生活中浇灌伴侣的内心。

1. 学会欣赏高敏感者的隐藏属性

漂亮、身材好、多金的女孩的恋爱苦恼

一个女生曾抱怨遇到的男性追求者好像总是需要她倒贴钱，后来甚至感觉很多人就是冲着她的钱来的。于是她下了一个结论，现在的男人怎么都这样？

首先，当然不是现在所有的男人都这样，一个人不能以自己有限的经验来决定和定义整个世界。而只是这个女生的成长经历，吸引和"创造"着她所描述的恋爱遭遇。

为了弄清楚这股内在的、巨大的吸引力和"创造力"是什么，我们问这个女生一个问题：你觉得自己身上最美好的特质是什么？

她的答案是：我长得挺好看的，我的身材也不错，然后我的家境也挺好。

我们问"就这些吗"？她回答"是的，就这些了"。

美貌、好身材和可观的财富确实是一种吸引力，以这种吸引力吸引到的，也必然是喜好和追求它的人，而且他们喜欢你、追求你，甚至宣称他们爱你，本质是为了满足他们的需求，而根本没有太多真正意义的爱，就是没有我们所说支持你成为一个更幸福的存在的意愿和行动。

这个女生的答案不仅解开了谜团，更让我们深深地为她感到可惜，一个鲜活而高贵的人，仅能以这三个非常有限的标签来认知和欣赏自己。

我们再次看到，在这个世界上，到底有多少人因为伤痛和无名，无意识地在较低的状态中翻滚。一个漂亮、身材好且多金的女孩尚且如此，那些自认为或被他人定义为不漂亮、身材不好且少金的女孩们呢？

七个高敏感者的隐藏属性

我们的亲密关系反映了我们与自己的关系。在高敏感者接纳和欣赏自己的特质之前，无论是与自己相处还是与伴侣相处都会是一个巨大的挑战；在高敏感者尊重和发挥自己的特质之后，他们会成为亲密关系中令人惊奇的伴侣。

一、高敏感者天生认真、富有同情心和非常关心他人。当伴侣需要时,他们非常擅长提供高品质的爱的支持,无论是聆听、陪伴还是发自内心的回应。

二、高敏感者能够迅速感知伴侣的感受,并巧妙地调整自己以适应这种感受。一方面,伴侣会感到被理解和关心,另一方面,这种能力有助于缓解冲突,保持关系的和谐。

三、高敏感者能从别人身上看到最好的一面,甚至是别人容易错过的微妙的美好和善良。他们可以发掘和提取伴侣的生命礼物和特质,让伴侣体验到深刻的信任,被看见、被肯定和被爱。

四、高敏感者做出选择可能需要更长的时间,但他们的思考深刻且全面。一旦他们最终作出决定,通常是对他们和他们的伴侣都有好处的决定。

五、高敏感者善于反思和觉察自己的内心。这可以带来巨大的自我意识和内在成长。当双方能够诚实和开放地相处时,这种能力可以创造深刻而长久的关系。

六、高敏感者是一个充满爱心与平静的存在。这种品质可以滋养伴侣和他们的关系,并给彼此的成长提供独立而安全的空间。

七、高敏感者内心丰富,且追求深远的意义。这意味着他们将致力于并愿意努力创造真正有意义的联系,使其更有可能拥有丰富而健康的关系。

祝福越来越多的高敏感者可以走出内在的恐惧和焦虑,对于世界来说,你们的高敏感特质是一份不可思议的礼物。

2. 从写一封情书开始

不懂感恩的人，无法获得幸福

多年来，我们一直在探索幸福的奥秘。其中一个发现是那些真正幸福的人身上都有一个重要的特质，就是感恩。

生活中会有一些人依仗着自己受过的痛苦，认为整个世界都是欠他的，别人为他做的一切都是理所当然的。他们咆哮着，像黑洞一样，不断吞噬着周围越来越有限的光芒。先不要想别人和世界会怎么回应他们，说到底，这些人不爱自己，也不想为自己的生命负责，而是希望别人和世界爱他们，为他们的生命负责。这种"受害者"不配得到幸福。

幸福是非常主观和个性化的内在状态。别人可以根据外在标准评判你是否成功，却永远无法夺走你由内而外呈现的幸福。可以说，幸福是一种内功。而修炼这种内功最重要的心法，就是感恩。当我们为他人给予我们的爱、帮助和感恩，当我们为世界给予我们的呵护和美好感恩，我们就处在幸福中。越来越多的感恩生发越来越多的幸福，慢慢形成愈发恒定的幸福状态。而不懂感恩的人不愿做这样的练习，自然无法像"受益者"那样获得幸福。

不幸的人要等到幸福，才知道感恩。而幸福的人明白，正是因为感恩，他们越发幸福。

一封真正表达爱意的情书

亲爱的：

　　我从你那里学会了很多，在未来还会更多更多。

　　你对待他人的方式特别美好，我在你身上看见了善良。

　　你总是那么坚强，在我脆弱和无力的时候，你是我的后盾。

　　你是一个非常棒的倾听者，我总是觉得被听到了。

　　我很欣赏你可以真实地呈现你自己。

　　你身上的自信，也同样鼓舞着我，给予我力量。

　　你让我觉得自己有了归属感，我喜欢在你身边的自己的样子。

　　你的韧性如此强大，让我感受到巨大的力量和勇气。

你在犯错时毫不犹豫地道歉，让我明白了什么是真正的自信。

我很钦佩你对自我探索和内在成长的热情，感觉每一天的你都是新的，更好的。

我喜欢你的坦诚和真实，完美没有力量，真实才有力量。

你的可靠和勇于承担，让我在你身边感到安全。

你是我的榜样，你是我的老师，你是我的伙伴，你是我的爱人。

感谢你，感谢我们的亲密关系——让我成为了更好的人，拥有了更多爱自己、爱你、爱这个世界的能力。

3. 好伴侣是夸出来的

六种肯定与赞美的方法，给伴侣满满的爱

在亲密关系中，实际行动和贡献很重要，肯定的话语也不可或缺。这样赞美伴侣，会让他们最开心，不仅能增进你们之间的感情，还能激发彼此的潜能——

一、鼓励和赞美必须发自内心

比如：我真的很幸运能和你在一起，我真的很喜欢这套新衣服，穿在你身上看起来很棒！我非常感谢有你在我的生活中……

二、为伴侣做的具体事情表达感恩

比如：我很感激你为我做了某件事，没有你，我做不到这一点，当你为我做某件事情时，我想我一辈子都不会忘记那个画面……

三、尽可能地多说"我爱你"

上班前说"我爱你"，午休时说"我爱你"，下班后说"我爱你"，每天至少说八次"我爱你"。

四、写一封情书或留一张爱的便条

还记得上一次你收到一封手写的情书或爱的便条是什么时候吗？还记得那种捧在手里，暖在心里的感觉吗？

五、在其他人面前赞美伴侣

比如：我的伴侣非常棒，我为他感到骄傲；我的伴侣在某个方面，给我特别多的照顾和爱；我的伴侣在某个方面启发了我，教会我很多……

六、伴侣陷入困境时，提醒他们的优势

比如：亲爱的，我知道现在你压力很大，但基于你的能力，我一点都不担心，你在某个方面特别有天赋，总是让我刮目相看，在我心中你是最棒的！毋庸置疑！

赞美与肯定的话语是特别重要的爱的表达，它能极大地增强伴侣的归属感、认同感和价值感，它像源源不断的电流，补充着伴侣的信心和能量。

少些赞扬，多些鼓励

赞扬和鼓励其实是两回事，只是我们很容易把赞扬和鼓励混为一谈，这也造成了为什么很多朋友从小也获得了很多的赞扬，却依然缺乏自信和自我价值感的原因。

赞扬其实是一种正向的评价，当被评价者的行为或表现达到或超过了评价者的预期，他们就会得到赞扬；而鼓励其实是一种内在的激发，激发者看见并正向回应被激发者的努力和改变，使被激发者从内在获得欣赏与勇气。

赞扬以评价者的价值体系为标准，而鼓励则是以被鼓励者的价值体系为标准。赞扬毁掉一个孩子，鼓励成就一个孩子。我们经常听到父母当着孩子的面，赞扬自己的孩子很乖、很听话。这通常被认为是一种赞扬。然而仔细的觉察后，我们会发现，乖和听话其实都是从父母的视角、父母的价值体系所给出的一个评价，与孩子自身的视角和价值体系无关；另外，这种赞扬又有着心理暗示和操控的作用，就是如果孩子想要得到父母的欣赏，想要和父母之间保持良好的关系，就需要继续表现得很乖、很听话。

这样长大的孩子会因为未能从内在真正生发出自我的价值体

系，而极度依赖别人的看法和评价来评估自身的价值。当得到他人认可的时候，他们才会觉得自己有价值；而当他人未给出评价或给出负向的评价时，他们会觉得自己一无是处。

而鼓励激发的是孩子的内在意愿、感受、思考和行动。比如当孩子取得了一次好成绩，懂得欣赏孩子的父母会采访孩子：孩子，你怎么做到的？你现在的感觉怎么样？你对接下来的学习或其他科目的考试怎么看？你希望如何保持这种状态等。在这种被尊重和被欣赏的互动中，孩子们会建立真正的自信与独立。他们越来越不依赖其他人的认可，而能够勇敢地由内而外地活出自己。

鼓励与欣赏伴侣的四个核心原则

伴侣之间的欣赏是激发彼此内在成长特别重要的能量来源。很多人对于欣赏有一个错误的认知，就是我们可以通过赞扬给予伴侣自尊和自信。然而实际上，自尊和自信既不能被给予也不能被接受，它们是被培养出来的，是从不断的自我探索、自我认知、自我理解和应对各种失败、苦难、挑战的大量机会中培养出来的。所以在鼓励和欣赏伴侣的时候，会有这四个核心的原则：

原则一、我们需要尊重我们的伴侣。我们和伴侣之间是朋友和伙伴的关系，而不是谁凌驾于谁之上的从属关系，或是谁依赖谁的依附关系。我们的表达是出于尊重，而不是自以为是的评价。

原则二、伴侣怎么想比我们怎么想更重要。既然我们是希望通过鼓励来激发伴侣内在的成长和变化，我们需要更关注伴侣对某件事的认知和感受，我们需要尊重对他们的观点和价值体系。

原则三、我们正在激励伴侣的自我评价还是让他们更依赖于我们或是别人的评价？不断地提示和邀请伴侣发表对自己行为和表现的观点和看法，培养他们的自我意识和稳定的自我价值体系。

原则四、不要试图通过赞扬来暗示伴侣为我们做更多。很多人从小就受控于父母和周围人通过赞扬所进行的洗脑，以达到父母或其他人的目的和标准。这些同学非常清楚这种操控带给他们的感受和伤害，所以己所不欲，勿施于人。

如果真的非常感谢伴侣对我们的某种贡献，我们可以为此献上真诚的感恩。如果真的希望伴侣从内在成长，重建他们的自尊和自信，我们需要基于这四个核心原则，用爱的鼓励与欣赏在生活中浇灌伴侣的内心。

如何正确有效地表达批评？

批评是一种重要的沟通，大部分人却因为不会正确批评而导致争吵或积怨。

假如你和伴侣准备约会，你在约定好的地点等了对方30分钟，其间对方没有发来任何消息，你也联系不到对方。又过了15分钟，你的伴侣终于出现了。这时候你是否已经准备好咆哮出这样一段话："你从不考虑你的行为如何影响他人。你就是自私。你从不考虑别人！你从来没想过我！"

这种批评更像是指责和评判，它攻击和否定了对方的核心本质，还认定对方是一个自私的、不尊重他人的人，这不仅不能有效地提示和修正对方的行为，反而会激起对方几乎立即的愤怒和反抗。即使对方心虚赔礼道歉，这次心灵伤害依然会积怨在心中，可能在未来的冲突中爆发。

正确的批评不是人身攻击，而是对不良行为的提示和修正。这里我们分享一个超有效的沟通公式：事实 + 你的感受 + 改进建议。

我们回到约会的场景中，如果我们可以和伴侣这样表达：亲爱的，我在这里等了你 45 分钟，而且这期间没有办法联系到你，这让我感到非常焦虑和害怕。下次再遇到这种情况，希望你可以给我打个电话或发个信息。

在这次沟通中，我们首先说明事实，和对方达成了共识；然后我们表达自己的感受，让对方同理我们的感受，意识到自己的行为给他人带来的影响；最后我们提出改进建议，让对方清楚我们的需求和可以改进的具体方法。

糟糕的批评是用越来越强烈的人身攻击伤害对方，而正确的批评是提示和修正对方的行为，创造共赢的互动关系。

做世界上最会鼓励伴侣的人

你自身是否曾因为伴侣的抱怨而变得更好？或者你是否见证过伴侣因为你的指责而变得更好？又或者你是否见识过哪段亲密关系因为彼此间的评判而变得更加美满和幸福呢？

这个世界已然充满了太多太多的评判、指责和抱怨，而且人们似乎深信，评判、指责和抱怨能够让他们得到我们想要的，能够让他们和伴侣的关系变好，这是一个无比讽刺的信念。

在我们接触的大量亲密关系案例中，在大多数的情况下，人们或伴侣并不会因为彼此的评判、指责和抱怨变得更好，反而会变得更糟。即使在少部分的情况下，这些情绪压力在短期内影响了伴侣，让他们故意地做出一些妥协和改变。但从长期来看，人们之间关系的基础会遭到破坏。很多在这种压力下成功的孩子，和父母之间的关系都处于疏离状态，他们的内在也无法体验到真正的喜悦。

其实爱一个人真的很简单，就是去鼓励、欣赏和赞美他们。让他们从不相信自己真的是那样的，直到有一天，他们活出了不曾想象到的自己。难道大家不想创造这样的亲密关系吗？

我们对自己和伴侣的认知是一股巨大的能量，我们说给自己和伴侣的言语，也是一股巨大的能量，塑造着我们自己。

不要再吝啬你的祝福和赞美，不要自以为是地以自己的完美标准去衡量伴侣是否达到了你的预期。如果你真的爱一个人，希望他们实实在在地变得更好，而不是利用他们满足自己的需求。那么从今天开始，做世界上鼓励你伴侣最多的人吧！

4. 如何让一段关系保持活力

如何让一段亲密关系保持活力？

为什么很多亲密关系走着走着就淡了、散了或者变成了名存实亡的关系呢？原因是这段亲密关系失去了生命力。而这种生命力主要来自伴侣双方持续投入和发展一段关系的情感内驱力。

人类的五种情感内驱力分别是：好奇心、解决问题、实现目标、认可和归属感。问自己几个问题，我们就能清楚地觉察到与伴侣之间情感内驱力的状态和一段亲密关系的现状。

> 一、你和伴侣的生命状态是否在发展和进步，不断激发彼此，走近彼此探索的好奇心？还是你们的生命状态处于停滞状态，彼此对对方都形成了固有的认知，失去了好奇心？

二、你和伴侣之间是否有双方认可、达成共识并符合双方利益的问题和挑战有待面对和解决？还是有很多问题是属于你单方面想要解决的，甚至双方把彼此和这段关系认为是需要解决的问题。

三、你和伴侣之间对于你们的亲密关系或家庭生活是否有双方认可、达成共识，符合双方利益并愿意共同实现的目标？还是你们的关系已经没有了目标，失去了方向，处于停滞状态？

四、你和伴侣之间是否促进了彼此的发展，让你们对自身、对彼此都有了更多的认可和欣赏？还是你们的成长被对方忽略、无视和压抑，被对方嘲讽、贬低和打压？

五、你和伴侣之间是否把对方作为世界上最好的朋友，你们信任并亲近彼此，情感上有深刻的连接和融合？还是你们和伴侣之间变成了某种竞争对手的关系，甚至成为攻击彼此和伤害彼此的敌人。

好奇心、需要解决的问题、想要实现的目标、认可和归属感是人类五种重要的心理需求，我们在这五种内在需求的驱动下，通过创造亲密关系以满足这些需求。通过共同成长，共同面对挑战，共同实现目标，并不断提升彼此的认可和归属感，伴侣对于这段亲密关系才会产生发自内心的情感驱动力，使其保持活力，持续发展。

比"我爱你"还更能让伴侣感受到被爱的十句话

"我爱你"在爱情中已经变得极为平常，在一段真爱关系中，伴侣之间的爱远不止"我爱你"。以下是十句比"我爱你"还更能让伴侣感受到被爱的话。

第一句：我是世界上最幸运的人，因为能有你为伴。当你感觉自己找到了灵魂伴侣，表达你的另一半是你生命的奇迹这一事实，会让你的另一半感觉很特别。

第二句：你本来就很棒！很美好！这反映了你有多爱对方。我们说爱是接纳、理解、尊重、欣赏和支持，没有什么比接纳并欣赏对方原本的真实的样子更能说明爱的存在了。

第三句：我永远不会离开你。一生的承诺需要大量的努力和成长。如果你真的爱你的伴侣，请大胆地说出来。这不仅消除了伴侣可能有的不安全感，更能让伴侣把更多精力用于和你一起创造长久的亲密关系。

第四句：对不起，我很抱歉。我们发现越是不成熟、越是自卑的人越不容易开口承认错误。为了赢得争吵，他们宁愿牺牲关系。而真正相爱的人会为让伴侣感到难过而勇敢地承认错误。

第五句：我已经原谅你了。人非圣贤孰能无过。你的伴侣可能也会犯错，甚至犯了你觉得他不应该犯的错误。说"我已经原谅你了"表明你有多爱他，他会在关系中感受到更多安全感，并升起改善的意愿。

第六句：我相信你。信任是亲密关系的基石。通过向你的伴侣宣称你信任他们，你就相信他，不仅相信他的言行，而且相信他的梦想；你让他感到自信，激发他成为更好的自己的潜能。

第七句：我从没遇到过像你这样的人。说你找不到像他这样的人，让你的伴侣觉得他是独一无二的存在。它表明你对他有多珍视，多欣赏。

第八句：我们会做到的。在提及任何行动时始终使用"我们"，这增强了你和伴侣之间的团结感，你的伴侣会感受到巨大的归属感，知道你将永远支持他。

第九句：别担心，亲爱的，我在这里。不管发生什么，让你的伴侣知道你在那里支持他们，所有的问题都会得到解决。当你成为你伴侣最坚实的后盾和依靠，他会知道你有多爱他。

第十句：我愿意支持你成为你想成为的样子。真爱可以超越占有、控制、利用和竞争，它存在的意义是帮助两个人在最美好的关系中彼此支持，彼此成长，为彼此成为更好的人而贡献。

第七章

如何越"吵"越相爱

我知道你很痛很痛，希望这刻骨铭心的痛可以让你从过往一切的受苦中觉醒。

1. 情绪智慧：善用冲突，增进感情

♥ 情绪是心灵的代谢物

情绪是心灵的代谢物，所以情绪需要被释放，而不是被压抑。

那些习惯了压抑情绪的人，或者是把压抑情绪合理化为是一种成熟的表现的人，我们真的很为他们捏把汗。被压抑的情绪要么会以急性的、破坏性的方式爆发，攻击他人、破坏关系；要么以慢性的、病变性的方式发作，攻击自己、损害健康。

可以回想一下在压抑情绪的那段时间里，你要调动多少意识、能量和身体协调，才能应对这一状况。这是一个非常耗能的情景，如果频繁、长期处于这样的状态，大量的生命能量被消耗之后，一个人就会陷入频繁的、长期的抑郁和焦虑。

有些人可能会说：换作是我，明知道无法消化，我就不吃进去了。其实在情绪处理上采取这种策略的人非常多。他们选择关

闭心灵，逃离自己和他人，隔离一切情绪，认为这样就能避免压抑情绪的伤害。但是在他们这么做的同时，在情绪被隔离或无法正常调节的情况下，他们也隔绝了喜悦、幸福和爱，成为了一个缺乏心灵营养的、麻木的、冰冷的、坚硬的，却依然恐惧的人。

所以，无论是我们自己，还是我们的伴侣、家人和孩子，为了我们的身心健康和关系发展，我们都需要首先在认知上达成共识：有情绪是正常的，而且未被代谢的情绪是需要被释放的。关键是我们如何健康、有效、有智慧地释放情绪，通过疗愈和成长优化各自的心灵代谢，而不是用情绪攻击情绪。

下一次有人在我们面前释放情绪的时候，也许我们可以满眼慈爱地看着对方，心中真诚地为他们开心——啊！终于发泄出来了。

高情绪力的人吵架会做四件事

> 第一件事：情绪爆发就像心灵的感冒一样。高情绪力的人不会禁止伴侣生病，而是明白正是伴侣在他们之间的关系中感觉安全，才会通过情绪表达自己的心灵求助。所以他们会允许和接纳伴侣的情绪，并询问对方是否需要自己暂时离开，给对方时间和空间安全地释放和转化自己的情绪。

第二件事：不要成为受害者。这里"受害者"有两层含义。第一层受害者指的是我们倾向于认为自己要为对方的情绪负责，或对方在朝自己发脾气。其实大可不必，因为对方的情绪可能是因为各种原因导致的，并不是因为你。第二层受害者指的是如果对方有在情绪中做出任何攻击和虐待你的行为，你需要有能力保护好自己，勇敢地停止对方的这种偏差行为。

第三件事：询问"我为你做些什么可以让你感觉好一些？"高情绪力的人会在照顾好自己的情绪和生命状态后，带着爱的能量来到伴侣身边，关切地询问伴侣："我现在为你做些什么，能让你感觉好一些？"另外，一个温暖的拥抱或者一杯亲手冲泡的茶或咖啡都可以让对方感受到你的爱和支持。对方的情绪将慢慢地在你的爱中溶解。

第四件事：勇敢地探索伴侣情绪爆发的真相。未成长前的我们其实非常害怕面对情绪，因为情绪的爆发时常触发我们的核心伤痛。而成长后拥有高情绪力的人，能够超越我们的保护机制——攻击对方、逃避对方或压抑自己，勇敢地接纳伴侣的情绪，并与伴侣一起发现他们情绪爆发的真正原因和他们在面对的真正挑战，然后一起发现解决相处中的真正问题的更好方法。

在一次次的"心灵感冒"中，如果能真正地穿越情绪收获成长，而不是简单地评判发脾气对或不对，高情绪力的人将引领自己和伴侣成为彼此更加信任、更加成熟的心灵伙伴。

激发四种幸福感激素，让自己真正快乐起来

多巴胺、血清素、内啡肽、催产素是四种影响人类幸福感的主要激素。

多巴胺影响着人类的收获感和成就感。我们可以通过主动完成一项工作，觉知地享受美食和善意地帮助他人来激发多巴胺的分泌。同时，拖延症和低自尊的感受也会得到改善。

血清素影响着人类的快乐感和归属感。我们可以通过在自然中漫步，冥想，多享受一些日光和高品质的社交来激发血清素的分泌。血清素对孤独症和抑郁症有着公认的疗效。

内啡肽影响着人类的抗压力和镇痛力。我们可以通过吃一块黑巧克力，健身，看喜剧电影和涂抹合适的精油来

激发内啡肽的分泌。你会发现自己的精力得到巨大的恢复和提升。

催产素影响着人类的安全感和被爱的感受。我们可以通过给予对方真诚的赞美、拥抱、亲吻和与小动物或小孩子玩耍来激发催产素的分泌。我在课程中设计了非常多重建身体连接的练习，这些练习对疗愈童年创伤、提升安全感和爱的能量有着极好的效果。

在亲密关系中保持情绪健康的五种方法

爱本身就是一种情绪状态，是在超越了羞耻、悲伤、恐惧、愤怒、骄傲等十三个情绪状态后的第十四个情绪状态。有效地保持情绪健康对你和伴侣的幸福，还有你们亲密关系的品质都至关重要。

这五种方法是我在个案咨询中经常分享给案主的非常有效的方法，希望对更多人有所启发和帮助。

方法一：建立独立和相互依存的平衡。作为一个生命体，我们既有融为一体的亲密需要，也有离群独处的独立需要。

越是能接纳和享受两种不同的状态，你们的关系越是会充满张力和活性，让彼此有各自补充情绪能量的时间和成长的空间。

方法二：找到一个能让你开心的爱好。找到那个愉悦自己的爱好，可以是运动、艺术、音乐、公益等，这是自爱能力重要的组成部分。回想一下上次你非常尽兴和开心地完成一件事后，你是如何对待身边的人的？当你开心了你就有能力让身边的人开心，否则你身边的人也别想开心。

方法三：独自旅行或与朋友一起旅行。当你和伴侣相处太久，你们之间的思维方式和能量状态会慢慢固化，而独自旅行或与朋友一起旅行是转化这种思维和能量固化最好的方式。另外，在跳出了原有的生活环境后，我们会有机会觉察和感恩伴侣为我们的付出。

方法四：与家人朋友相处的高品质时间。非常多人会陷入一个误区，就是有了伴侣之后，所有的情感需求都通过伴侣来抒发和满足。然后却又会因为伴侣间无法满足彼此全部的情感需求而苦恼，甚至心生怨恨。爱情、友情、亲情等全面的情感支持会让我们的情绪更健康。

> 方法五：具有疗愈功能和安全释放情绪的心理咨询。人类很有趣，当身体有病了，会马上去治疗；而当情绪抑郁了，反而倾向憋着或压抑自己。实际上，有一些医学常识的人会明白所有身体症状其实是心理症状比较后期的表现了。如果你长期处于巨大的情绪压力中，与其压抑下去伤害身体，或爆发出来伤害伴侣，不如主动疗愈和释放自己的情绪压力。

积极心理学的研究提供了一些有趣的情绪健康目标参考：个体的积极情绪与消极情绪的健康比率是3∶1；而伴侣之间的情绪健康目标更高，积极情绪与消极情绪的健康比率是7∶1。也就是说伴侣的相处中，70%～85%的时间里是开心的才能保持亲密关系的和谐和健康。

心理健康人士的十个特征

> 一、你每天都会对某人或某事感到感激
> 能够每天至少思考一件你感激的人或事
> 这表明你习惯欣赏你拥有的东西或良好的关系

二、你对未来的生活有期待和希望

这表明你对自己的生活有把控感

可以自主地寻找积极的体验，减少焦虑和抑郁感

三、你不会花太多时间对伤害你的人怀恨在心

停止专注于那些伤害你的人或事

才更有可能在生活中平静下来并实现良好的心理健康

四、你享受生活中简单的事情

在大自然中散步，和朋友、亲人一起笑或听好音乐

心理健康的人可以在简单事情中获得积极体验

五、当事情变得艰难时，你继续尝试

心理健康的人通常可以在困难时继续前进

这会极大增强自信心，并超越挑战让他们越来越有信心

六、你愿意帮助周围的人

我们对身边的人有安全感和信任

并在他们需要的时候施以援手

七、你有能力照顾好自己

你会确保自己的需求得到满足

这样你能更轻松、愉快地与他人相处

八、你的人际关系有很好的边界

你不需要让所有人满意

知道什么时候说不，知道什么时候给自己一些空间

九、你不嫉妒别人拥有的东西

你不会花时间将自己与他人进行比较

你专注于你想要什么，创造你想要的生活

十、你觉得自己是一个美好的存在

你对自己的信念创造了你的情绪和相应的行为

当你深信自己是美好的，外在也会是相同的样子

2. 关系越是紧张，越要增强安全感

超越分离的恐惧

当我们离开熟悉的环境，与亲近的家人和朋友分离，我们就会因为没有安全感，失去了保护和连接而感到焦虑和恐惧。越是发生在幼儿时期和最亲近的人之间，分离带给我们的恐惧就越大。

于是在恐惧这股能量的驱动下，我们拼命地给对方打电话发信息，我们千方百计地让对方留在自己身边，甚至通过一哭二闹三上吊的方式恐吓和攻击对方，总之，我们竭尽全力要求对方和我们保持连接，如果未能如愿，我们又会转向另一个策略，就是切断连接。与其总是要在对方身上或是亲密关系里体验分离的恐惧，那我不要对方了可以吧，我不走进亲密关系了可以吧。还有一些人会因为死亡这个终极的分离而茫然和绝望，他们的生命自此停止了发展……

控制别人、恐吓和攻击别人只能带给你暂时的安慰，却不能疗愈分离的创伤，带来持久的安全感；切断关系的做法虽然减少了分离的概率，却会把整个人生变成一场最完美的分离。无论是被分离恐吓的朋友们，还是因分离恐惧的伤害而不敢建立亲密关系的朋友们，都是让人心疼的。

希望大家在下次因分离而恐惧时，停止向外的抓取、攻击或破坏，收回你的意识和能量，只做一件事情——以自己真正监护人的角色，利用这段宝贵的时间，创造性地爱自己。

什么是以自己真正监护人的角色，利用这段宝贵的时间，创造性地爱自己呢？首先是角色，很多人对自己的内在认知依然是那个悲伤、弱小和无助的孩子。请你思考一下：如果你是这个孩子的监护人，你如何帮助这个孩子？接下来是时间，很多人花了太多时间在别人身上，在外事外物上。请你思考一下：如果此刻，你拥有两个小时，你只需关注自己，你会如何利用这段时间？最后是创造性地爱自己。很多人在机械性地对付自己，吃吃吃，买买买，要不就丢给自己个手机，自己玩去吧，既没有创造性，也没有太多爱。请你思考一下：什么能够拓展我们的生活经验？什么能带给我们更高级的满足？什么能真正帮助你成为更好的自己？

请你在读到这里时,写下你的答案。

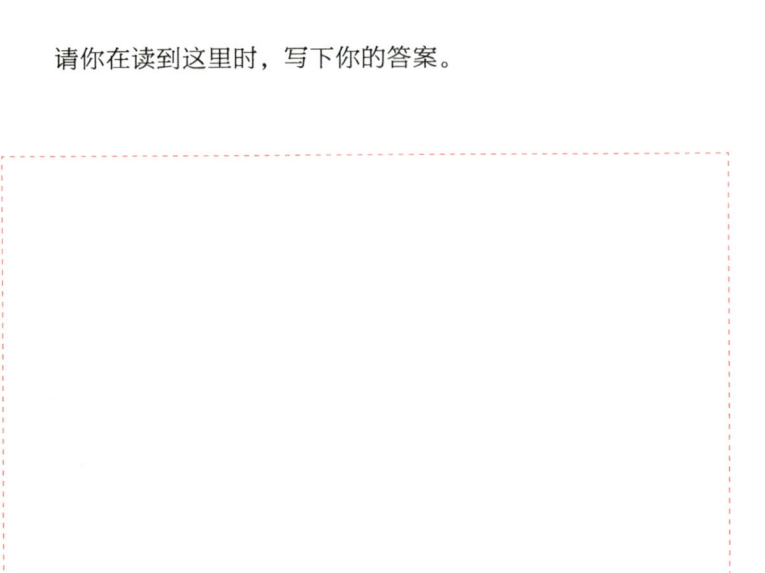

思考和写下答案这个过程本身就是以自己真正监护人的角色,利用这段宝贵的时间,创造性地爱自己的这件事。每一次面对分离恐惧时的勇敢练习,终究会转化和驾驭分离的恐惧,成为爱自己和他人的能力。

超越冲突的恐惧

请你觉察,在面对冲突的时候,你习惯的反应模式是什么?逃避和妥协,冻结和压抑,还是攻击和爆发?不管我们选择哪种反应模式,它们也只能被动地让我们在和谐被打破,冲突已经发生的时候，勉强应对这个可怕的局面。

你只需要做一件事，就能超越冲突的恐惧，这件事就是：勇敢地校对。

分享一个真实的案例。我的一位同学多年来一直受上学时被室友排挤的困扰，即使她毕业了，依然会时常觉得身边的朋友、单位的同事不喜欢她。她还会经常梦到被排挤的情景，每每从噩梦中惊醒，就仿佛又被排挤一样惊恐。

最近，她的人生剧本发生了反转。原因是她在持续修炼内在成长后，终于鼓起勇气，找到当年的当事人去询问她们真讨厌自己，真的想伤害自己，真的发生自己所理解和记忆、认定的事情吗？对方告诉她其实自己很喜欢她，觉得她是一个特别开朗的女孩。一个让这位同学恐惧了20多年的故事，瞬间灰飞烟灭。

我们都在以自己内心世界的投射去理解外部世界发生的事情。特别是恐惧冲突，对冲突异常敏感的人，更容易把人际关系中稍微高能量的一些沟通理解为冲突，更容易把对方可能无心的一句话和一个举动理解为对自己的侵犯。当代人际关系的危机，就在于日益紧密的连接产生太多的误会，而我们或者没有勇气，或者没有时间去校对真相。于是，越来越多的误会，形成越来越多的冲突，越来越多的冲突，变成遍布在我们亲密关系中的地雷，不断压缩我们的生存空间。

回想一下给你带来巨大恐吓或伤害的一个人或一件事，你对这个人和这件事的理解、记忆和判定是千真万确的吗？即使是千真万确的，你多年来的逃避、冻结或攻击，真的让你从这个冲突的恐惧中解脱了吗？

勇敢地找到当事人，去校对一下事实，去了解对方的所见所想，尽可能早地排除关系中的误会，而不是因为害怕冲突，持续让误会变成关系中的炸弹。我见证过成年子女与父母之间关系的重建，见证过伴侣之间更深刻的相爱，也期待你能通过勇敢地校对，超越冲突的恐惧，重新走进亲密关系。

亲密关系越是紧张，越需要做的十件事

如果大家不知道如何应对亲密关系中的紧张局面，或是特别容易做一些火上浇油、激化矛盾的行为，以下的十个缓解紧张关系的策略会对大家特别有帮助。亲密关系越是紧张，越需要做这十件事：

第一件事：停止说教，只在对方邀请时表达，或给出建议。当关系进入紧张状态，对伴侣的说教等同于歧视和蔑视，对方只会感觉到被冒犯和攻击而做出反击。

第二件事：如果对方情绪爆发，离开房间，为他创造一个安全区。情绪就是一种能量，它需要被释放，创造一个释放压力的安全区，即不要留在房间里煽风点火，也避免自己成为情绪攻击的对象。

第三件事：关爱自己，而不是期待对方关爱自己。在紧张状态下，期待或者测试对方是否能关爱自己是特别不明智的。请明白对方正处在崩溃状态，这个时候你需要特别关爱自己。

第四件事：让对方感受他们的选择。这一点非常关键，很多人总是希望一切都掌握在自己手里，但是真正能够让对方体验什么才是他们想要的，对他们的成长和亲密关系的发展更有帮助。

第五件事：停止过度关注对方的行为。就像小朋友会用特殊的行为引起父母的注意并控制父母一样，过度关注他们的行为会强化他们的这种策略。相反，我们可以在一段时间之后发起沟通的邀请。

第六件事：如果家里有孩子，请确保孩子的安全。在一些极端的家庭矛盾和冲突中，孩子有可能成为父母之间冲突的牺牲品，所以无论如何，先保证孩子的安全，或者将孩子送往安全的地点。

第七件事：停止唠叨和指责对方。在这种紧张的状态中，唠叨和指责对方没有任何意义，也起不到任何积极的作用，只会激化矛盾，火上浇油。

第八件事：只在对方要求的情况下提供帮助。很多亲密关系的紧张是由于双方的边界感被侵犯所导致的，所以在这个时候能够退回到各自的边界内，尊重对方的空间和意愿是有帮助的。

第九件事：看见和认可对方的努力和在这次冲突中的改变。最让人感觉到绝望的便是我们做的努力对方完全视而不见，所以越是关系紧张的时候，能够看见和认可对方的努力是非常有爱的回应。

第十件事：想清楚自己想要什么。越是亲密关系紧张的时候，我们越是容易被情绪冲昏头脑，陷入与伴侣的敌对当中，所有以上的努力都是为接下来的沟通创造条件和环境。如果你希望接下来的关系和平发展，请在这个特殊时期时刻觉察自己想要的是什么。

安全感来自三个自信

个案咨询中的一个人，向我讲述了她为了寻求安全感，对伴侣施加严苛的人身自由控制，最终把伴侣吓跑的故事，而且这种剧情已经出现不止一次。

在没有安全感的时候，我们会怎么做呢？加强对伴侣的要求和控制，不断地测试伴侣是否爱自己，一有风吹草动就切断关系，还是干脆把这个问题推给伴侣，反正你得想办法让我有安全感！

然而，真正的安全感并不是别人给你的，而是在成长过程中，从我们的内在生发出来的。

给在感情中没有安全感的你：

安全感来自我们对自己的信心。当我们笃定自己是一个美好的、有价值的、值得被爱的人时，我们自然会有更多安全感。

> 安全感来自我们对他人的信心。当我们知道每个人都在成长,并疗愈了人际关系中的伤痛,我们自然会有更多安全感。
>
> 安全感来自我们对生命的信心。当我们能够更好地理解和应对分离,并相信我们的生命是被祝福的,我们不仅会有更多安全感,还能够更加全然地去爱。
>
> 安全感不来自另一个人,而源于我们可以心无恐惧地爱一个人。

关于安全感,存在着一个普遍的误解——我们认为这种内在感受来自外在,是别人给我们的。于是我们努力地寻找一个可以给我们安全感的人,并想尽办法控制这个人,由着我们的感受,按照我们的期待行事,以满足我们安全感的缺失。

这种策略真的有效吗?当安全感来自外在,来自另一个人,我们真的感到安全吗?即使另一个人竭尽全力地配合我们,我们真的拥有了终极的安全感吗?还是他们的筋疲力尽也只是让我们的不安全感没有被触发,但是内心深处我们依然感到隐隐的不安和焦虑呢?

生命初期,一个孩子的安全感的确来源于父母和家庭的照顾。但随着孩子的成长,爱他们的人需要从最初的授之以鱼,到授之以渔，有意识地帮助这个孩子走向成熟，独立并拥有自爱和幸福生活的能力。

拥有这种能力的孩子会对自己有信心，对生活有信心，对其他人有所贡献。他们会通过新一轮的授人以鱼和授人以渔去爱别人，并在这个过程中不断增强自己爱的能力，不断增进对生命的了解，并收获终极的安全感。这是一个内在成长，外在贡献，贡献越多成长越多的过程，而不是一个外在索取，内在消耗，消耗越多索取越多的过程。如果你是神明一般的存在，你会勇敢地去爱其他人来收获更多的爱和安全感，还是会索取其他人收获更多的爱和安全感呢？

如果有一天，你发现自己可以心无恐惧地爱一个人，那么可以确定你已经拥有了终极的安全感，成为爱的化身。

如何增强亲密关系的安全感

非常多人问到如何让伴侣有安全感，特别是伴侣属于焦虑型依恋风格，总是因为没有安全感而紧张焦虑，或是伴侣属于回避型依恋风格，经常因为没有安全感而逃离关系。

和大家分享三个经过科学验证的拉近亲密关系的小动作，可以极大修复和增强伴侣之间的情感安全感，帮助伴侣跳出焦虑和回避的亲密关系模式，和你一起建立安全而健康的亲密关系。

第一个小动作：感恩。感恩是亲密关系中最具有互惠作用的互动之一，在表达感恩的时候，你的伴侣将能非常清楚地感觉被看见、被肯定和被鼓励；而你作为表达感恩的人，也在潜意识中增强了自己是一个值得被爱的人的信念。例如，今天中午伟君为我做了一碗牛肉丸粿条，我为此深深地感恩。不仅在语言上赞美伟君，还在行动上将整碗粿条吃干净并表达"太好吃了"。

第二个小动作：聊天。每一天留出一些时间和这个世界上你最好的朋友分享一下你近期过得怎么样，哪怕是10分钟、15分钟、20分钟……很多人表示不会聊天，不知道聊什么，其实这正是情感忽视创伤的体现。我们关闭了心门，隔绝了情感，把自己变成了一个铁皮机器人来应对工作，应对爱情，应对生活。在这种情感隔离的状态下，关系中的双方都不会有安全感。从现在开始，开启和伴侣的分享，简单地分享让彼此开心的事和让彼此不开心的事。

第三个小动作：抚摸。身体是接受爱最直接和最高效的器官。科学家做过一系列身体接触如何增强亲密关系的调查和研究。其中一个发现是身体的抚摸能极大刺激人体催产素和血清素的分泌。催产素增强人与人之间的连接

> 感和归属感，血清素增强个体的自我价值感和积极性。分别和团聚时的拥抱，一起看电视时的互相依偎，睡前给伴侣做一个精油按摩，入睡时和伴侣依然保持身体上的连接，都能极大增强彼此爱的感觉，并直接把这些感受储存在潜意识中。

很多焦虑型依恋和回避型依恋的人正是在过往的亲密关系中缺乏被看见、被肯定、被鼓励、被聆听、被允许表达、被接纳、被抚摸、被拥抱的生命经验，才导致他对于亲密关系的恐惧和焦虑。作为爱他们的人，我们通过感恩、聊天和抚摸这三个爱的小动作来重建他们的情感安全感。

3. 高情商伴侣处理争吵的四个步骤

抱怨别人，是伤害自己

很多人通过抱怨别人，为自己伸张正义。殊不知，自己正一步步将人生导演成一场真正的悲剧。

从心理学的视角，每一次抱怨，都是我们对自己的一次负向催眠，在潜意识中再次强化受害者的身份。时间久了，我们就真的甩不掉这个身份了。举个例子，大家就明白了。很多人始终觉得自己不够好，因而自信不起来。大家想想，这个"不够好"的信念是他们自己创造出来的，还是在成长过程中被父母或老师、家庭或社会灌输进去，催眠出来的？

种瓜得瓜，种豆得豆。释放什么能量就吸引什么能量。从情绪能量的视角，每一次抱怨，我们都在释放消极的情绪能量，消极的情绪能量吸引更多消极的情绪能量。最初，我们可能只会因为少数人或少数事而感到受害，进而抱怨；随着抱怨的增多，越来越多的人、越来越多的事情会让我们感到受害，甚至扩大到整个社会、整个世界都在伤害我们。

每一次抱怨，我们就把生命的主权和改变的决策权交给了被抱怨的对象。这是非常危险的。一旦形成习惯，你会发现自己的生命被一个个别人给你带来的伤害卡在了那里，动弹不得，有点像堵车。然后陷入到"别人不道歉，不补偿，不改变，你的人生就永远幸福不起来"的悖论当中。你把劲儿都使在别人身上，哪还有气力让自己成长或改变呢？

生命是一位极有耐心的老师。我们可以继续抱怨别人，让自己的命运越来越糟，总有一天，你会痛醒，然后开始对自己负责，积极地在自己身上做功；也可以现在就看透了，痛够了，开始对自己负责，停止抱怨，勇敢成长。

每一句抱怨，都在消耗一个人的福报，导致更加糟糕的人生。觉察一下我们今天有没有抱怨，抱怨多少次，这些抱怨是否达到了如我们所愿的效果，还有在释放了这些抱怨之后，我们的生活变得更好，还是更糟糕了。

首先，抱怨无法促进他人的改变和问题的解决，对方只会在感受到被指责和被攻击后，做出三种本能的、保护自己的应激反应：一、封闭起来，拒绝沟通，或者干脆躺平；二、逃避你，冷落你，远离你，切断这段关系；三、用更加具有恐吓性和伤害性的行为进行反击。无论是哪一种，你都只会再一次成为受害者。

接着，原来出于慈悲，聆听这些抱怨的朋友也会敬而远之。抱怨是一种心灵病毒，它不断激发压力激素的分泌，让我们感到悲伤、沮丧、焦虑、恐惧。它还有着二手烟一般的作用，会对接收和聆听这些抱怨的人产生相同的作用。抱怨的人会让自己众叛亲离，成为冰冷世界中的孤家寡人。

抱怨的最大的伤害其实是我们施于自己的。最初我们可能是为了保护自己，渴望关注，寻求帮助才开始抱怨的，但慢慢地，随着抱怨的不断增多，每一句抱怨都是一次自我催眠，我们相信并习惯了受害者的身份和信念，自我认知、生命模式和人生观也随之彻底发生了病态的扭曲。

抱怨只会徒增伤害，疏远朋友和毒害自己。到最后，抱怨他人的人，都会开始厌恶自己。如果这并不是你想要的人生，请从今天开始停止抱怨吧。接纳可以接纳的，改变能够改变的，离开需要离开的。你会发现你的生活会发生翻天覆地的变化。

在别人的误解和评判中，活出更好的自己

误解和评判应该是人类社会最普遍、最无意识且杀伤力巨大的心理伤害。如果太阳都不能被所有人理解和喜欢，你我自然也无法避免被误解和评判。如果你正沉浸在误解和评判引发的委屈、悲伤和愤怒之中，这节内容就是为你而写的。

面对误解和评判，我们需要更清晰、更真实地做自己。每个

人都有独一无二的喜好和标准，每个人也都倾向用过往的生命经验理解世界。但如果太阳为了得到理解和喜欢而去迎合所有人的喜好和标准，它首先会疯，然后会爆炸掉。这样的事情当然不会发生，因为它就是太阳，它只是如实地做自己；而你就是你，清晰地、如实地做自己，自然就会有些生命被你照亮。

面对误解和评判，我们需要做好能量管理。理解和评判就像垃圾邮件和骚扰电话，它不会先确认一下你喜不喜欢，有没有精力处理，它更多是对方单方面、无意识的一个表达。对待这种能量干扰最好的办法就是像处理垃圾邮件和骚扰电话那样删除或挂掉。不要把宝贵的能量用在琢磨和对抗这些误解和评判上，而是用在自己身上。你的生命状态越好，外在的干扰对你的影响就越小。然后你会有更多的能量去爱想爱的人，去做想做的事。

面对误解和评判，我们需要勇敢地去校对。首先和自己校对，如果一个类型的误解和评判经常出现，说明我们对某类刺激属于敏感体质，通常意味着我们的心灵深处有一个未疗愈的伤痛或是一个未化解的恐惧，这是我们自己需要做的成长功课。然后是和你爱的人校对，误解和评判通常来自对方由伤痛或恐惧引发的保护机制。能够通过沟通疗愈彼此的伤痛，化解彼此的恐惧，这才是爱最好的体现。

面对误解和评判，我们需要更多爱和慈悲。一个真正幸福的人不会整天对别人的人生指手画脚。内在的受苦让我们很难善待他人；内在的伤痛和恐惧让我们异常敏感，很容易感受到受害，进而攻击别人来保护自己；内在的低能量和外来的巨大压力，让我们没有耐心聆听和探索真相，更容易给别人贴上各种标签，单方面地做出各种判断。请带着爱和慈悲去看见这些苦难和挑战。这些是你我无法逃避的，更是人类需要共同面对的。

下一次面对误解和评判，如果你能带着爱和慈悲，选择更清晰、更真实地做自己，管理好自己的能量，勇敢地通过校对，带给自己和爱的人成长，人类的苦难就会因你减少一些，而你，也必将活出更好的自己！

如何走出敏感和焦虑

焦虑而敏感的孩子通常来自充满指责与抱怨的家庭。作为父母，我们既可能是曾经的受害者，也可能是如今的加害者。

指责与抱怨是一种心灵病毒，它会直接破坏一个人的身心健康。对于处于身心发展关键阶段的孩子来说，指责与抱怨更会根本性地影响孩子的健康状态和心智发展。

指责与抱怨会激发压力激素的分泌，破坏孩子大脑的神经连接，攻击大脑中负责记忆的海马体，扰乱孩子思维过程或认知能力。整个过程与阿尔兹海默症（老年痴呆）对大脑的破坏相似。

即便指责与抱怨发生在父母之间，并不针对孩子，它们同样有着二手烟一般的作用，对长期接收和倾听抱怨的孩子造成相同效果的伤害和破坏。

由于长期生活在压力与刺激中，孩子对于自身、父母、家庭、社会乃至世界的认知都会形成负面的观点和看法，这些认知逐渐生成孩子的世界观，激发孩子长期处于焦虑而敏感的状态以保护自己。

很多父母觉得只要为孩子付出更多，更爱孩子，就能弥补由指责与抱怨带来的伤害。但爱是爱，伤害是伤害。付出与爱的补偿并不能抹去由指责与抱怨所导致的身心伤害。只是说孩子知道父母是爱自己的，但他们也确实受到了伤害。

所以，停止或避免指责与抱怨，无论是针对孩子，还是父母之间，都是父母能为孩子的健康成长做的非常有意义的一项努力。当指责与抱怨消失了，孩子焦虑而敏感的问题就会得到改善。

幸福的人不强势

强势是爱隔绝涂层，强势的人很难幸福。可以说幸福与强势是两种截然不同的生命状态，通过强势实现幸福的努力通常不会成功，反而会创造更多不幸福。

很多人总是想在亲密关系中赢，除了日常的互动中谁付出更多，吵架时谁输谁赢、谁对谁错、谁先哄谁，还有些更高级的展现形式，如创造出一种不平等的养育型关系，试图通过包养另一个人以完全占有和操控另一个人，以满足自己的需求；又如呈现出一种什么也不在乎的态度，让对方感觉自己非常糟糕，为自己的想法、行为甚至存在本身感到羞愧的。

然而看似处于某种优势的姿态真的为强势的人在外在创造了更好的关系，在内在创造了更好的生命状态了吗？通常没有。反而他们把身边的人变成了竞争的对手，把伴侣变成了低级的敌人；内在里他们的强势所创造出来的孤独、抑郁、焦虑、悲哀和恐惧，都会回到他们自己身上。最终，强势把他们变成一个憎恶自己的孤家寡人，之前因为利益或恐惧选择待在他们身边的人也会背弃或离开他们。

其实越是外在强势的人，内在越是柔软的，甚至是脆弱的、恐惧的、不安的。只是在过往的生命中，他们曾经被伤害了或恐吓了，于是逐渐学会了用强势的姿态来保护自己，捍卫自己生存的权利。如果我们能深刻理解这一点，以温柔却有力量的方式对待他们，他们才会意识到自己可以调节这种过度的自我保护。

更重要的是，觉知到自己强势过度的人，需要有意识地从内在放下强势，展现真实而柔软的内在，让爱有机会流入并灌溉已经长期干旱的心田，这样，强势的人才有机会活出幸福的状态。

建立良性沟通

多少伴侣之间的沟通因"翻旧账"变成灾难？

如果我们想要通过沟通，真正地发现问题和解决问题，请务必把焦点集中在这次沟通的主题上；如果我们想要通过争吵，让伴侣彻底崩溃或被激怒,也只需要做一件事,就是"翻旧账",甚至它可以让一段关系瞬间终结。

在所有伴侣之间的毒性互动中,翻旧账绝对是攻击性最强,杀伤力最大的方法之一。如果把普通攻击比作手枪的话,翻旧账就是冲锋枪,它可以持续地对对方的伤痛进行精准打击,甚至击穿对方人格的最终防线,让对方觉得自己是一个彻头彻尾的糟糕的人,巨大的内疚会让对方崩溃;或是让对方觉得你是一个彻头彻尾的邪恶的人,巨大的愤怒会让对方暴怒,做出更具攻击性的行为和反应,加剧冲突的激烈程度和破坏程度。无论是内疚或是愤怒都无法解决问题,反而有可能彻底撕裂一段关系。

但是翻旧账又通常是一个长期的受害者最得心应手的武器,没有什么方法比通过翻旧账控诉自己的不幸遭遇,释放自己被压抑的情绪,并通过这些旧账证明对方就是一个没有人性的加害者更爽的事情了。很多人甚至乐此不疲,每每发生争执或矛盾,就搬出这种重型杀伤性武器恐吓和打击伴侣,导致伴侣之间更深的怨恨和伤痛。

我们需要明白并作出选择:我们想要沟通,解决共同面对的问题;还是想要攻击,彻底击溃对方赢得战争。沟通意味着我们放下前嫌,并真正聚焦在共同面对的问题和挑战上,找到真正的解决方案,和伴侣携手朝着和平与发展的亲密关系迈进一步。

建立有效沟通

很多人因为无法与伴侣沟通而苦恼，而且发现自己越是想要沟通，对方越是逃避甚至对抗沟通。

沟通的品质决定了关系的品质，而有效的沟通则建立在以下三个原则的基础之上。否则沟通不仅会变成耳旁风或无效的抱怨，甚至会成为亲密关系破裂的导火索。

有效沟通的第一个原则：事实。我们沟通的内容到底是事实，还是自己主观的看法和感受。比如当我们说："我真的受够了！"对方一定会因为感受到巨大的情绪威胁而进入到对抗或者逃避的模式中了。

有效沟通的第二个原则：共赢。我们沟通的内容是否对你，对对方或者解决你们共同的问题有所帮助。请记得你们是一个团队，沟通的目的是创造共赢的亲密关系，从而让两个人都可以变得更好。

有效沟通的第三个原则：善意。仔细觉察我们沟通的目的，我们到底是有智慧地在解决问题，还是推卸责任发

> 泄愤怒。要知道伴侣的父母很可能以同样的方式对待过他们,他们早已培养出完善的防御机制。一旦认定你的沟通是语言攻击或控制,对方将关闭心门,终止与你的沟通。

如果两个人已经进入无法沟通的状态,说明你们之间的信任已经土崩瓦解,对彼此的成见已经根深蒂固。更需要你们遵循这三个原则,带着觉知,通过一次,再一次,再多一次的有效沟通,重塑你们的关系。

高情商伴侣处理争吵的四个步骤

要缓解夫妻间的争吵,我们需要明白争吵背后的意图。我们为什么吵架呢?总体上可以归类为以下两个原因:我们被对方的语言和行为伤害了,想要用争吵进行情感上的报复;或者我们对对方某些方面感到不满,试图通过争吵这样的情绪压力改变对方。

不知道你在吵架方面的胜率和效果怎么样,虽然我也并不会呼吁大家停止吵架,但我希望既然承担了这么巨大的风险和代价,你可以通过以下四个步骤,在吵架这一亲密关系的风险投资中取得更大的收益和成长。

第一步，将"你怎么怎么样"转化为"我怎么怎么样"。

例如，将"你越来越不在乎我了！你连和我吃饭的时间都没有了"的评判，转化为"我很怀念某次我们一次午餐的时光，真的很美好"的需求和邀请。

第二步，多和对方分享你内心的感受。

你有没有被对方突如其来的情绪打得措手不及过，或是对对方突然发起的争吵感到莫名的时候？争吵会让对方快速进入逃避或者对抗的本能反应中，反而加剧了战争。而分享你的感受，能帮助对方同理你的处境，更加理解你的需求。

第三步，分享更深层的觉察和发现。

亲密关系中的冲突和矛盾之所以杀伤力巨大，是因为它们通常可以触及彼此在原生家庭中遭遇的童年创伤。如果我们能勇敢告诉对方我们如此害怕对方的吼叫，是因为我们曾经时常目睹父母之间的冲突。对方的善良和慈悲将更有可能被激发，做出调整和改变。

第四步，每次解决一个议题，相信人是会变的。

大多数的争吵都夹带着过去所有不满和矛盾的再次爆发。如果我们希望每一次的吵架是活在当下的，我们的关

> 系是面向未来的，请有意识地在每一次的沟通中解决一个问题，不要事先预设对方一定会以怎样的方式回应你，始终相信对方内心中的爱与智慧有可能在这次沟通中觉醒。

比"我爱你"更有爱的一句话

我们经常对伴侣说"我爱你"，但是我们真的知道如何去爱他们吗？

在很多的亲密关系中，很多人付出了巨大的努力，但伴侣似乎不那么开心，不那么满足，在长期没有获得所需的爱的滋养后，生命状态开始下滑，变得抑郁和萎靡，甚至出现我们常听到的"伴侣总是特别作"的现象。这通常意味着我们没有能够真正理解和满足对方爱的需要。

即使是养一盆花，我们也需要知道它所需要的养分是什么，如果我们真的爱它的话，我们需要以它所需要的养分滋养它。何况是人呢？

一位先生曾经非常无奈，因为他觉得似乎结婚后他太太的脾气就变了，她总是不开心，不满意，有的时候会很作。他也做出了很多的努力，包括创造和太太单独约会的机会，带太太去旅行等，但即使这样，他太太好像依然不开心。两个人的争执越来越多，每次起争执的时候，他都会怀疑当初结婚的决定。我问他：

"你知道如何爱你的太太吗？"他陷入了沉思。

后来我们一起探索了他太太的成长经历，发现她父亲对她的忽视和贬低是她最深的伤痛，她是多么渴望自己的伴侣能够看见她、理解她并通过欣赏她去疗愈自己的伤痛，让她知道自己是值得被爱的啊！那位先生也意识到虽然做出了很多爱的努力，但这些努力更多的是基于自己的认知和习惯，是"自以为是的爱"。没有问到关键"我能为你做什么？"

如果伴侣间可以多问问彼此：我能为你做些什么，可以让你感觉到被爱？很多的亲密关系是否会被改善？即使有的时候，可能连伴侣自己都不知道自己希望如何被爱，这个问题也能启发他们发现自己的真实需求，特别是伤痛背后的缺失。

五个提升沟通品质的问题

沟通的品质，决定亲密关系的品质。我们和伴侣之间是否存在着情感差距，这种情感差距通常表现为我们并不了解我们的伴侣；我们之间缺乏信任和理解；我们不知道伴侣内心在想什么；我们不清楚伴侣正在经历什么。

健康而有效的沟通对于一段亲密关系，就像血液循环对于一个人的身体健康那般重要，伴侣之间的沟通品质折射和决定亲密关系的品质。

从今天开始每天问伴侣这五个问题，他们会打心眼儿里爱你：

第一个问题：

你今天心情怎么样？通过问这个问题，我们可能会打开一个全新的了解伴侣的世界的机会，特别是当你注意到他们有点沮丧时，不要急着回应或帮助伴侣解决问题，允许伴侣充分的沟通，本来就是一种非常好的释放。

第二个问题：

我们可以一起做些什么，你会很开心？当被问到这个问题，你是否感觉被看见，被关爱？现代生活越来越繁杂，很多时候伴侣间的陪伴失去了品质，如果每天能拿出哪怕是10分钟、20分钟高品质地陪伴和支持彼此，你们都会明显感受到关系的变化。

第三个问题：

今天让你最开心的事情是什么？

第四个问题：今天让你最感恩的事情是什么？

第三、四个问题都有助于帮助伴侣将关注点放回到生活中美好的一面，很多时候我们无意识地，只是关注生活中的问题和挑战，而忽略了生活中美好的一面，这两个问题可以帮助伴侣调节情绪，恢复正念。

第五个问题：

有什么很难说出口，你却想告诉我的？这是一个非常有力量的问题，很多伴侣喜欢把自己最好的一面呈现出来，却持续地压抑自己的情绪，独自面对很多问题，当我们能够创造一个安全的空间，他们可以分享他们最深刻和最黑暗的恐惧，而没有评判和指责时，你就在此刻给到了对方最高品质的爱，也是无条件的爱，安全感和信任会夯实你们关系的基础。

如何帮助伴侣打开心扉

心灵相通的亲密关系，才是真正的亲密关系。今天和大家分享两个非常有效的方法，帮助伴侣打开心扉，建立心灵的联结与彼此的信任。

首先，可以分享你曾经隐藏的情感，很多伴侣来自压抑情感的家庭，家里充满各种各样的压力和要求，已经把他们变成一个僵硬的机器人，他们既没有情感表达的经验，也缺乏情感表达的勇气。当你勇敢地分享自己的过往和情感，你就给对方做了一个非常棒的示范，让对方感觉到安全感和信任，同时也激发了对方分享的意愿和勇气，比如你的恐惧、难过、内疚，特定时期的创伤事件，都会是特别有力量的主题，两个彼此分享秘密的朋友，才是真正的朋友；一段可以承载伤痛的亲密关系，才是真正的亲密关系。

接着，你可以告诉伴侣，你不会用攻击和评判对待他们，对很多伴侣来说，对他们的评判和指责，超过了对他们的爱的家庭或亲密关系，他们已经习惯把心门紧紧地关上，以避免自己脆弱的心再次被伤害，当你拥有足够爱的能力与慈悲，并真正愿意了解真相，帮助他们，你可以在沟通前就让对方知道，你不会以伤害、攻击或评判的方式对待他们，这需要你有非常高的生命发展程度，既能很好地管理自己的情绪和行为，又能超越自己的恐惧和伤痛，在意识层面真正接纳、理解并愿意帮助伴侣一起承担和超越他们的痛苦。

美好的亲密关系并不是完全没有挑战的亲密关系，而是两个拥有爱的能力的人在用对彼此的爱超越了各种挑战后，所形成的前所未有、深刻笃定的信任与联结的关系。

第八章

爱人如养花

当你原谅一个人，你们联手化解了彼此间的伤害，生发出爱的花朵。

1. 爱一个人意味着疗愈 TA 的伤痛

如果爱一个人意味着疗愈他的伤痛

如果爱一个人，不仅意味着从他那获得快乐，或者和他一起创造更多快乐，还意味着和他一起面对伤痛，愿意实在地支持他走出伤痛，会有多少人愿意去爱呢？又会有多少人有能力去爱呢？

很多人只想要快乐，却无法面对自己或伴侣的痛苦，但你会发现双方努力营造的快乐是那么的短暂和表面，即使和对方在一起很长时间，做了很多事，却依然感觉和对方很陌生，没有安全感和归属感，关系在冲突和挑战面前是如此的脆弱，不堪一击。

就像北京一位来访者说的："我和伴侣很合得来，有很多共同的兴趣爱好，一到周末我们就会一起出去吃喝玩乐，按理说我们应该很开心很幸福啊，但最近我却发现我们的关系好像是假的，我们忙着让生活看起来充实而有活力，用各种快乐转移或占据各自的注意力，似乎更像是去掩盖。其实我们无法安静地和彼此的心灵待一会儿，更无法敞开和走进彼此心灵的真实一面。三年下来，我扪心自问，其实我并不了解他，我相信，他也并不了解我，我能明显地感受到一些东西阻隔在我们之间。"

这些阻隔在他们之间的东西，很多时候就是我们彼此的伤痛，这些伤痛非常强大，无法被往日的快乐抵消，而只能被足够的爱穿越和化解。当伴侣真的有过共同成长，面对并疗愈了彼此的伤痛后，他们的爱和关系会完全进入另一个层面，两个人可以携手走进多深的深渊，就能去到多高、风景多美的高地。

所以，在过往的亲密关系中我们是否有过被伴侣疗愈了或疗愈了伴侣伤痛的经验呢？如果有，衷心地感谢你们，你们彰显了爱真正的模样。

"在一个人最不值得爱的时候去爱他，因为那是他最需要你的爱的时候。"

当这句话出现在我眼前，我被彻底地震撼了，击穿了。我面对这句话，坐了许久，我能够感受到这句话传递给我的巨大能量。我相信能够理解这句话的人一定在生命中体验过真正的爱。

无论我们有没有被这样爱过的经验，一个人的爱颠覆了我们对自己不值得被爱的认知，或是这份爱超越了付出爱的人本身的伤痛、恐惧和限制；还是我们有曾经这样爱过一个人的经验，我们的爱让另一个人相信他们是值得被爱的，或是这份爱来自我们内在的神性、慈悲、勇气和力量；有过这种生命经验的人，无疑是极为幸运和幸福的，很多人的生命因为这种真正的爱而发生彻底的转变。我既接受过这样的爱，也付出过这样的爱，这份实在的成长与贡献的生命经验，让我坚信一种更高级的爱，一种真正的爱的存在。

一些生命只能被特定的生命所点亮，我们是否能够在一个生命最黯淡无光的时候，成为那个勇敢付出，用爱点亮他的人呢？在一个人最不值得爱的时候去爱他，因为那是他最需要我们的爱的时候。

原谅带来的四个重大转变

很多人因为过往或正在经历的伤痛来到"高地生活"。在他们身上，我们看到了巨大的慈悲。虽然世界不曾给他们很多爱，甚至深深地伤害了他们，但他们依然选择善良，努力地爱着这个世界。

世界不会亏待这份爱与勇气，当我们原谅一个人，化解一个伤痛，我们的人生将发生四个重大转变。

> 第一个重大转变：在过往很长的时间里，我们无意识地扮演着受害者的角色。是的，我们可以抱怨、可以对抗，甚至报复。但我们有没有想想自己到底要什么？是继续把

时间和精力消耗在别人的过失上，还是负责任地、带着对自己的爱，去创造自己想要的生活？当你原谅一个人，你才开始真正地爱自己。

第二个重大转变：当我们开始真正地爱自己，负责任地、带着对自己的爱去创造想要的生活，你的生活就会发生实实在在的改善。你会遇见更好的人，更好的工作；成为更富足、更喜悦的自己。疗愈伤痛的不是时间（我们遇见过几十年过去依然无法释怀的案例），而是你的生命发展。当你原谅一个人，意味着你已经过上了更好的生活。

第三个重大转变：我们很希望带领大家穿越到未来的某一个时刻，那个你成为了更富足、更喜悦的自己的时刻。从那个视角回看过去，你是否会由衷地感谢曾经伤害你的那个人，竭尽全力地改变了你的生命轨迹呢？如果没有他，你是否将失去机会成为今天的自己呢？当你原谅一个人，说明你已经收获了成长的礼物。伤痛不再是伤痛，而是一份美好的恩典。

第四个重大转变：在经历了前三个转变后，我们彻底地化解了这个伤痛。从能量上，你将不再吸引与过往遇到

> 的类似的人、类似的伤害再次出现在你生命中。你已经完美地完成了这个功课，获得了某种能量免疫；在心智上，你获得了巨大的提升，你对伤痛和挑战有了更完整的理解和认知。对生命也多了一份信任与安全。

当你原谅一个人，你们联手化解了彼此间的伤害，生发出爱的花朵。

三观不合基本上是所有亲密关系中问题的共性，因为伴侣生命发展水平的不同，造成了一些伴侣的分开，且带给另一些伴侣成长。当伴侣能够接纳这十种失望，他们的亲密关系会充满希望。

> 一、我们失望地发现：伴侣不能完全符合我们的标准，但是我们尊重他们的价值观，希望他们可以做自己。
>
> 二、我们失望地发现：伴侣不会总是认同我们的观点，但是我们却可以从他们的观点中得到启发，拓展了我们有限的认知。

三、我们失望地发现：伴侣并不完美，但我们看见了一个真实而自然的人，并藉由接纳彼此的不完美，看见彼此的完美。

四、我们失望地发现：伴侣并不一定知道我们想要什么，但是我们在弄清楚自己想要什么之后，真诚而勇敢地表达和发出邀请。

五、我们失望地发现：伴侣并不一定总是能理解我，但是我们知道那是因为生命经验的不同，而不是因为对方不爱我们，反而我们会更理解自己。

六、我们失望地发现：伴侣并不一定总是能支持我们，但是我们理解他们也有他们要面对的压力和挑战，而且我们自己还有自我支持和向他人求助的能力。

七、我们失望地发现：伴侣并不一定像我们爱他们一样爱我们，但是我们不会觉得不公平，因为我们就是爱，同时我们也能感受到他们在用他们的方式爱我们。

八、我们失望地发现：伴侣是会变的，但是我们并不担心，更不会害怕，我们知道所有的变化都在推动着成长。

九、我们失望地发现：伴侣并不一定总是能在我们身边，但是我们已经有能力很好地独处，给自己充电，爱自己，也能给予伴侣信任和空间。

十、我们失望地发现：有一天，我们和伴侣终将面对某种形式的分离，于是我们现在勇敢地、全力以赴地爱他们，用爱激发他们最大的生命成长。

2. 爱到极致是成全

爱一个人的最高境界是为其自爱赋能

一个女孩被伴侣宠爱了三年，这三年中她活在童话般的世界里，原生家庭中爱的缺失，在这段感情中得到了巨大的补偿，突然有一天，男孩说他累了，筋疲力尽了，提出分手，女孩这时如梦方醒，惊慌失措……

一个初入社会的年轻人来自一个条件相对优越的家庭，父母为他提供了令同龄人羡慕的生活，然而他的内心非常痛苦，因为他从未拥有过自己生命的主权，从未按照自己的意愿成长和生活，父母极其负责和极度控制地安排了他生命中的一切，当这个年轻人被诊断为抑郁症时，他的父母惊诧了。我们这么爱他，他怎么会抑郁呢？

每个人来到这个世界都有一门最重要的功课，那就是自爱的能力，而且因为它极大地决定着个体的幸福，所以，每个人既不能逃避这门功课，也不能由他人代考这门功课。

第一个故事中的男孩的确很爱女孩，尽可能地补偿着女孩内心中爱的缺失，然而当他能量耗尽，选择离开，女孩就像被拔了吸氧管一样痛苦。第二个故事中的父母也很爱孩子，尽可能地希望给孩子最好的资源和平台，然而当他们超越边界，占有控制，年轻人就像被关进猪笼，浸入水里。

爱不是成为伴侣的养育者或第二任父母，也不是成为孩子的神，把孩子关进自己创造的伊甸园中，爱是赋能对方的成长，真正地帮助他们拥有自爱的能力、成长的能力和生命发展的能力，即使有一天我们没有能量，我们不在对方身边了，又或者我们离开了这个世界，他们依然因为拥有自爱的能力而能够好好地生活，好好地爱他人和这个世界，这是爱一个人的最高境界。

爱的极致是成全

想要理解爱其实非常简单。比如亲子关系，父母与孩子基于各自的生命发展状态，形成养育与被养育的关系，在这种关系中，健康的互动模式是父母满足孩子生存、安全和成长的需求，所以爱是两个生命个体基于各自的生命发展水平所创造的关系和其中的互动模式。

人的一生通常会走过三个生命发展阶段：

在生命发展的较低水平，我们需要获得爱，这时的关系通常是养育与被养育的关系，我们期望从养育者那里得到更多爱，或者我们期望用某些东西去交换爱。

在生命发展的中等水平，我们开始练习爱的能力，这时的关系会发展为平等的亲密关系，朋友或伴侣之间既可以自己爱自己，也可以彼此分享和交流从而产生更多爱。

在生命发展的较高水平，我们活出了爱或成为了爱，这时的关系通常是超然的互助关系，我们的恐惧和欲望越来越少，也更少期待或利用他人来满足自己，反而爱和喜悦越来越多，也更愿意和有能力无条件地爱他人。在这个阶段，我们不再需要占有、控制或依赖他人，在活出了真正的自己和找到想要的生活后，我们希望即使我们不在了，对方也可以生活得很好，我们诚心实意地支持和帮助对方成为更幸福的人，所以说，爱的极致是成全。

给伴侣最大的支持，是信任与空间

当感受到伴侣心烦意乱，或是无法给出高品质的爱时，我们会如何理解这种情况？又会如何回应这种情况呢？

对于安全感低、价值感低和自爱能力有限的人来说，伴侣的这些表现实在是太让他们焦虑了。对方到底怎么了？是不是出什么事了？是不是自己做错了什么？对方是不是不爱自己了？我们的关系是不是要结束了？

其实这些大多是我们基于自身的心灵品质、自我价值和过往经验对对方生命状态的一种猜测和投射。这些的确有可能是真相，但更多时候，在过往的咨询和课程中，当我们问到另一方实际情况的时候，通常会发现对方其实只是因为近期遇到了一些外部压力和挑战，自身的注意力和精力要更多应对这些压力和挑战，导致自己的能量和能给到爱人的关注和呵护比较有限。

在这个时候，无论是出于对爱人的保护，不希望爱人受到影响，还是习惯于独自思考、应对和处理这些挑战，都是没有问题的。但是如果作为伴侣的我们，因为内在的不安全感而焦虑，因为低价值感而恐惧，因为自爱能力有限而去索取，不断逼问、怀疑、施压，像孩子通过各种方式向父母索要爱一样向对方施加更大的压力，这并不是爱，而是基于恐惧的控制和索取。而且这会极大地伤害对方和双方的关系。

有些情况下，我们会很希望彼此坦诚，或是希望能帮助到伴侣。但即使是美好的发心，我们也需要遵循爱的原则，从而尊重对方的意愿和选择。所以，在很多时候，我们能给伴侣的最大支持，就是照顾好自己，超越因自身安全感低、价值感低和自爱能力有限而产生的互动模式，不再向伴侣施加更大的压力，而是给予他们信任和空间。我们的信任对伴侣来说就是最大鼓励，我们给到他们的空间，对伴侣来说就是最大的帮助。

亲密关系中以这四种身份相处

第一种身份是朋友。相爱的两个人首先应该是世界上最好的朋友。你们平等且相互尊重，相处得真实而自在，可以一起哭也可以一起笑，彼此接纳，彼此信任，一起探索世界。朋友关系是一切关系最健康的基础。

第二种身份是父母。相爱的两个人在一方需要帮助时，会呈现母亲和父亲的样子。你们就像是对方的爸爸或妈妈，把全然的关注和关爱给到对方，让对方像孩子一样被呵护。这种互动既能给对方补充爱的能量，也能提升自己爱的能力。

第三种身份是老师。相爱的两个人互为彼此生命中最重要的老师。你们不仅能够从另一个视界极大地拓展对于生命的认知，更能在彼此发生冲突和挑战时，勇敢地带着爱，超越自己的伤痛、恐惧和限制信念，发现真相，成长自己。

第四种身份是贡献者。相爱的两个人在收获了巨大的幸福和满足后，自然会升起一份慈悲和使命感。他们不再满足于自己的幸福，而是更希望能为其他的人做些什么，帮助更多人也能活出幸福和满足的生命状态。

很多人向我表达过想要和伴侣共同成长的意愿，但在实际操作上却又不知道该怎么做，有时还会因为方式不当让伴侣反感，效果适得其反。

以下四个步骤可以帮助我们爱的人成长：

首先，我们需要觉察所谓的成长和提升，是以伴侣的生命利益、自己的生命利益还是两人共同的生命利益为准则。如果你是想把伴侣塑造为能更好地满足你的需求和标准的人，这不是真正有益于伴侣的生命发展，并不是在帮助爱的人成长，而是在利用和要求伴侣更好地服务自己。有控制，就会有反抗和逃避。

其次，我们需要重建与伴侣之间的正向关系，即使再正确的事情，关系是负面的，彼此是不信任甚至敌对的，它都无法达成，所以想帮助爱的人成长，先重建和优化与他们的关系。

再次，我们需要注入爱的能量，很多人习惯性地通过抱怨、发泄不满给对方施压，也许这种方案在一段时间内有效，但是大家有见过哪个好的伴侣、好的亲密关系是抱怨出来的呢？抱怨只会不断稀释爱的能量，甚至激起对方的应激反应，对抗、攻击、逃避、压抑等，而当我们不断地欣赏和鼓励他们，我们则真的在给对方加油，而不是让对方泄气。

最后我们需要以身作则，虽然你们是生活上的队友，但你所有用的经验和能力，并不是对方理所应当具备的。

所以，有的时候，我们有必要成为一位耐心的导师，成为某种品质和能力的榜样，示范并最终帮助伴侣获得这种品质和能力。

3. 夫妻是人生战略合作伙伴

三个与伴侣相处的智慧

有人把夫妻关系描述为人生的战略合作伙伴，我很喜欢这个描述。

分享三个重要且根本的夫妻相处智慧，让两个人生战略合作伙伴在日常生活中创造更多的平和与喜悦。

第一个智慧：不要固执己见

我们透过自己的眼睛看世界，并凭借自己过往的生命经验进行主观解读和判断，请记住，你的观点只是芸芸众生中的一个观点，并不是宇宙真理或是地球法则，一个固执己见的人没有朋友，更没有亲密的伴侣。

第二个智慧：学会放下

无论过去发生了什么，都已经发生且无法改变，我们却习惯于用过去发生的事惩罚伴侣，其实也在消耗自己，人生中难免有伤痛，生活中难免有矛盾，太多的夫妻就是无法放下，执着于惩罚和攻击彼此，越多时间被过往的伤痛占据，就越少时间互相关爱。

第三个智慧：培养感恩

如果说爱也需要燃料，那么感恩就是其中非常重要的组成，还记得上一次你的付出被对方看见、感谢和欣赏吗？你的感觉如何？你是否感觉自己多了一份爱的能量，并愿意在下一次机会出现时，为对方再次做出贡献？被感恩的人会激发付出爱的能力，而感恩的人会提升接受爱的能力。

建立五个习惯，亲密关系便成功了一半

每段亲密关系的开始，都是一个破旧立新的重要成长事件。如果能够在关系建立的早期，就能有意识地摆脱过往不健康的互动方式，在彼此最有能量和意愿的时候，建立这五个亲密关系的健康互动方式，你们的亲密关系已经成功了一半。

第一个习惯：赞美和感恩。告诉伴侣你在他们身上看到的独特品质。如果伴侣为你的付出让你感受到幸福，一个真诚的感恩是对他们最好的回应，并能不断地激发对方的美好行为。

第二个习惯：设置每天或每周的特别陪伴时间。现代生活越来越复杂，压力越来越多元。很容易造成我们和伴侣失联的情况。每天能抽出30分钟，或者每周能抽出一小时高品质地和伴侣体验一些新的生活方式，不仅能创造深刻的连接，更能注入情感的养料。

第三个习惯：耐心地聆听。尝试着主动去聆听伴侣的话语。不带任何打断，不加任何评判，不给主观的意见，也不需要急于提供帮助，就是通过耐心地聆听告诉对方："别担心，我在这里，我陪着你，我们可以一起面对。"

第四个习惯：表达真实的感受。很多关系并没有出现严重的问题，而是持续地长期地压抑真实的感受，慢性地破坏了两个人之间的信任和连接。勇敢地表达你的愤怒、你的脆弱，不是以攻击和指责对方为目的，而是让对方理解你真实的内在感受。

> 第五个习惯：好好说话。指责和评判不仅不能解决问题，反而会伤害对方，激起对方的反击，然后形成破坏性沟通的循环。好好说话是指以邀请的姿态，正向地表达你的需求和想法。你们会更容易得偿所愿。

在未成长之前，我们会把原生家庭或过往亲密关系中的保护机制：一对抗，二逃避，三压抑，不断带入到新的亲密关系，隐形地破坏这一段关系，祝福更多的人能够通过这五个建立亲密关系的健康互动方式，创造幸福的亲密关系。

幸福伴侣的五个习惯：

> 第一个习惯：幸福的伴侣寻求双赢。即使会有争执和冲突，他们也会清晰认识到他们需要超越冲突，寻求有益双方的、共赢的解决方案。
>
> 第二个习惯：幸福的伴侣会鼓励和支持彼此的成长和独立性。享受对方对我们的依赖，其实是在利用对方满足自己的安全感和重要性的需求。

第三个习惯：幸福的伴侣感恩和赞美彼此。亲密关系的意义不是搭伴过日子，而是激发彼此的生命发展，没有什么比感恩和欣赏更能为生命发展提供动力了。

第四个习惯：幸福的伴侣有幽默感并且敢于自嘲。你会遇见一本正经的伴侣，也会遇到轻松自在，甚至可以彼此开玩笑的伴侣，你觉得哪对伴侣的爱更有张力？

第五个习惯：幸福的伴侣为彼此服务和贡献。美好而持久的亲密关系是需要去培养和经营的。真实的服务和贡献对方会让你们爱的花园被很好地照料，呈现怡人的状态。

七个心智成熟的标志

你的伴侣是心智成熟的人吗？而你又是心智成熟的伴侣吗？参照以下测试表：

一、能够真诚地道歉，而不是继续为自己的行为找借口。

二、能够勇敢地告诉对方自己的真实感受，而不是表面隐忍，暗中报复。

三、停止抱怨别人，开始真正为自己的生命负责。

四、越来越信守诺言，言行合一，而不是嘴上说一套，做的是另外一套。

五、不再关注八卦或别人的事情，而是更多关注自己的生活和成长。

六、不再自以为是地评判人或事，而是保持一颗开放的、探索真相的心。

七、能够沟通问题并找到解决方案，而不沉溺于冷战和互相攻击。

从恋爱脑到自爱体

虽然说成长是一个终身的过程，但在那些走出内在伤痛和恐惧，拥有自爱能力，内在越来越丰盈的女生们身上，我们越来越多地看到以下十个特质：

一、她们完全接纳自己，有一种根本的自信和自尊。她们同时知道自己仍有优化的空间，并主动地、专注地、有目的地成长自己。

二、她们也完全接纳别人本来的样子，而不是试图改变他们来满足自己的需要。

三、她们了解自己对生活各个方面的感受和态度，包括性、财务、梦想和生命发展的其他目标。

四、她们珍视自己的方方面面：她的个性、她的外表、她的信仰和价值观、她的身体、她的兴趣和成就。她们成为自己最好的见证，而不是寻找一种关系来提高自我价值感。

五、她们经营关系的能力足够好，可以享受与他人相处的乐趣，特别是自己的家人、伴侣、孩子和朋友。

六、她们允许自己敞开心扉，信任合适的人。她们由内而外地真实而有力量。她们不会恐惧在个人层面上为人所知，但也不会让自己的隐私被滥用。

七、她们越来越清楚地明白关系是他们生命发展的果实，她们关注：这段关系对我是好的吗？对我的伴侣是好的吗？它让我们成长为我们想要成为的人了吗？

八、当关系遇到挑战或即将破裂时,她能够在不伤害彼此的情况下放手,并有一群支持她的朋友,有意义的人生目标和健康的兴趣来帮助她度过危机。

九、她们看重内在的平静与智慧,并越来越能觉察和调整自己的生命状态。过去所有的斗争、戏剧和混乱都失去了吸引力。

十、她们知道一切关系的核心是她们与自己的关系,爱的源头是她们的生命状态。她们会保护自己健康幸福的生活。因为很多人得益于她们的生命状态,她们知道自己配得上世间的一切美好。

4. 没有一劳永逸的爱情，只有双向奔赴的成长

没有一劳永逸的爱情，只有双向奔赴的成长

真正意义上的恋爱是从热恋期结束后开始的。在激情与兴奋等能量退去后，两个人开始真正着手建立生活上和心理上的亲密关系。如果认为关系确立或者结婚了就大功告成，可以躺平享受永远的幸福，那就大错特错了。

在之前，我有讲过一段完整的恋爱分为恋和爱两个阶段，它们对应着爱情中两个阶段的共同成长。

恋代表着健康的依恋。两个人可以真实、自在地相处，他们相互接纳、理解和尊重，并让彼此感到有安全感和归属感。这是恋爱或亲密关系的根基。然而因为心灵创伤群体的比例升高，原生家庭问题的日益凸显，大部分人面对亲密关系有着各种各样的心理障碍。如果两个人没能有意识地去进行第一阶段的成长，去

面对和疗愈这些心灵伤痛，在恐惧和不安、焦虑而迷茫中，两人不仅无法健康地依恋对方，反而可能在这个过程中给彼此带来二次伤害。虽然我们并不赞同给人贴标签的做法，但大家说得比较多的焦虑型或逃避型依恋确实就是这种情况的典型特征。

爱代表着幸福的赋能。两个人都有意愿为彼此的幸福投入资源和付出行动，他们相互欣赏和支持，无论是两个个体，还是一个整体，都在这个过程中成为更好的存在。这是恋爱或亲密关系的发展。然而太多的人并不明白爱什么？如何去爱？什么是两个人想要共同创造的生活？如果两个人没能有意识地进行第二阶段的成长，去学习和拓展对爱的认知，不断提升各自爱自己和爱对方的能力，并不断为这段亲密关系制订目标和愿景，那么爱的能量会在这段关系中不断减弱。当两人陷入恐惧和焦虑，恋爱会变成占有和恐惧；当两人陷入悲伤和愤怒，恋爱会变成彼此攻击，甚至结束。

一段糟糕的恋爱确实会让彼此遍体鳞伤；但如果两人都有意识，也都有意愿，他们更有可能在一段恋爱中收获生命中最大的成长。

婚姻不是爱的毕业典礼，而是开学典礼

我们对婚姻有两个普遍的，却又基本上完全错误的认知：一个是两个人在一起一段时间后，全世界都会认为他们应该结婚了；

另一个是结婚意味着两个人的爱修成了正果，既然有了伴侣，组成了家庭，任务便完成了，可以各自去忙其他事情了。

而通常基于这两种认知所创造的婚姻，要么在结婚之后而大失所望；要么因为失去两个人的意愿和贡献，加上缺乏目标，而慢慢地失去活力甚至枯萎。

婚姻是继伴侣各自原生家庭之后，人生中第二所最重要的学校。在这所学校中，我们有机会疗愈彼此过往的伤痛，学习并提升爱的能力，包括：接纳、理解、尊重、欣赏和支持，帮助和支持彼此的生命发展，让两个人真正地走向成熟和幸福。甚至因为教育水平优异，这所学校有机会招收和培养一个或者几个学员，也就是我们的下一代。

相比之下，恋爱阶段更像是学龄前教育，经过深入的了解和磨合后，两个人达成共识，携手对方，充满期待地走进婚姻学校的大门，开始更高层级的爱的学习。

亲密关系的三个维度

情感咨询中，很多人分享了婚后生活让他们茫然不知所措的经历，他们中的大部分在进入婚姻时，是因为某种冲动或某种压力，而并非因为对婚后生活有明确的期望和向往，于是那些为了结婚而结婚的婚姻，在结婚完成后失去了活力和目标。

亲密关系是人创造的最美好、最重要的关系，它不仅影响着我们每天的喜怒哀乐，更决定着两个参与者的生命发展，它分为三个重要的维度，共存——共生——共修。

共存是指两个人在生理和心理上相互满足、相互陪伴、相互扶持和守护，还有繁衍和培养后代，两个人成为世界上最好的朋友，无论外在世界如何纷扰，当他们回到属于他们的空间，他们是安全的、彼此接纳的，放松的、真实的、彼此守望的。

共生是指两个人从生存维度来到发展维度，他们相互欣赏，相互鼓励，相互激发，共同成长，在彼此的支持和见证下，他们都超越了曾经的自己，活出前所未有的生命状态，取得了自己未曾想到的成就，他们的关系像盘旋上升的螺旋。

共修是指两个人从发展维度来到修行维度，他们越来越清晰地理解，人生是一场生生不息的修行，随着他们的不断成长和突破，他们逐渐超越了自我的限制，越来越多地贡献彼此贡献他人，他们成为了共同攀登山峰的伙伴和共同实现远大抱负的伴侣。

依然有很多人质疑，这个世界是否有真正的爱，是否存在这样的亲密关系，他们经常说的是："面对现实吧，生活就是这样的。"他们说什么其实并不重要，重要的是，你希望创造怎样的亲密关系。

健康亲密关系参照表

× 伴侣会因为观点不同，经常发生争吵和对抗

√ 伴侣看见并庆祝彼此的差异，在差异中学习和成长

× 伴侣比较你们的关系与他人的关系

√ 伴侣了解你们的关系是独一无二的

× 伴侣让别人的意见支配你们的关系

√ 伴侣会知道什么才是最适合你们的

× 伴侣以子嗣、物质或时间目标来衡量关系的成功

√ 伴侣充分信任和享受整个旅程，按照你们的节奏来做事

× 伴侣因为安全感、价值感和重要性而建立关系

√ 伴侣会先爱自己，然后不断提升爱对方的能力

× 伴侣想要拯救、修复、改变、控制甚至强迫他人

√ 伴侣了解你们的不同，并接纳和尊重你们的不同

×伴侣会隐忍、顺从甚至讨好对方以获得自己想要的东西

√伴侣敢于说出有些事情不太妥当，用爱的炸弹唤醒对方

×伴侣会因为低自尊而总是进入压抑和贬低自己的关系

√伴侣了解自身的价值，逐渐远离压抑和贬低自己的人

×伴侣因为对未来的恐惧或过去的付出而维持关系

√伴侣勇敢地探索真相，努力解决问题或勇敢告别

×伴侣出于满足自己的原因建立关系，甚至有时候会伤害他人

√伴侣为了双方的成长而建立关系，支持彼此成为更好的自己

升维理解亲密关系

最深层次的亲密关系是灵魂关系。心灵关系比肉体关系更深刻、更珍贵、更持久。与心灵分离的肉体关系是没有灵魂的身体，处于植物人状态。

小我只能从生存的角度来理解爱，它被恐惧和欲望喂养，创造趋利避害的亲密关系。却无法从更高层次的灵性角度理解爱，寻求拓展与提升，创造成长与贡献的灵魂关系。

在灵魂关系中，所有让我们恐惧焦虑的、激发我们对别人感到恼火的事情，都可以让我们更了解自己内在的苦痛。我们不再通过控制和恐吓他人减少痛苦，而是通过成长自己，真正地让自己从痛苦中得到解脱。

我们必须原谅甚至爱那些曾经伤害我们的人，否则这种能量的纠缠、分裂和对抗会极大伤害我们的灵魂，拉低我们的能量，阻碍我们的心灵发展，并创造出更多的苦难。

与寻求物质安全和舒适的传统亲密关系和婚姻不同，灵魂伴侣的关系会更进一步，致力于促进相互的心灵成长。在灵魂关系中，他们所关注的不仅是你、我、我们的福祉，还包括其他人，一切有情与无情的众生，乃至整个世界的福祉。

我们之所以自卑，是因为我们过度关注自己，为自己的局限性、恐惧和伤痛感到悲哀。而在灵魂关系中，我们意识到我们与所有生命的连接，我们从未与任何人、任何事物分离。我们一直就在终极安全和美好的环境中生活。问题是，在恐惧中醒来后，我们到底想要创造什么？

亲密关系中一些最大的挑战来自这样一个事实，即大多数人进入一段关系是为了得到一些东西，或是试图找到一个能让他们感觉良好的人。事实上，一段关系持续下去的唯一方式是，将亲密关系作为一份贡献和创造的事业，而不是一场相互算计、讨价还价的交易。

在你成功建立一段深刻连接的、彼此滋养和激发成长的灵魂关系前，你必须成为实现灵魂觉醒，成为你注定要成为的人，发自内心地活出你想要的生活。你的意识和能量将吸引相同品质的灵魂伙伴，成为你此生心灵进化道路上的同修。